氣がつけば火の中を

旅回り劇団・希望舞台の「劇場人生」

玉井徳子 著

同時代社

本書刊行に寄せて

山田　洋次
（映画監督）

玉井徳子さん――ぼくの作品『同胞《はらから》』の中で倍賞千恵子さんが生き生きと演じた河野秀子のモデルだった、あの穏やかな色白の美しい人が、今は七八歳と聞いてびっくりしています。別に驚くことはない、お前だってもう九〇に手が届く歳じゃないかと言われればそうだけど、思えばあの『同胞』から長い年月が過ぎたんですね、玉井さん。

そういえばあなたの統一劇場以前の青春時代のことや、貴方が経験したそれこそ珠玉のような沢山のオルグ時代の思い出話をあまり聞いたことがありません。この機会にそれを聞かせてもらえるとしたらとても嬉しい。早くページをめくる日が来ることを待ち望んでいます。

二〇二〇年九月一九日

気がつけば光の中を／目次

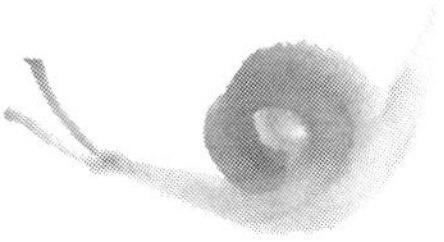

第二部　演劇とは希望を語ること

はじめに

チュンチュン　チュンチュク
雀の子　生まれたばかりは　まる裸
耳も聞こえず　眼も見えず　頭ふりふり
チュンチュクチュン

こんな歌詞のかわいい童謡があります。子どもの頃よく歌っていました。
気がつけば自分は後期高齢者、鏡を見ないと頭が真っ白なのもわかりません。けれど、耳も遠くなり、眼もかすみ小さな字は見えず腹が立ちます。何を取りに来たか忘れて頭ふりふり戻ります。気がついたら自分はスズメのおばあさんになっているのです。

福井県永平寺町に吉田通治という大切な友がいます。絶対、内緒話のできない人で、五〇メートル離れても聞こえる大きな声は隣に座って話すときもボリュームは変わりません。彼が福井県青年団の役員の頃からの五〇年来の友人です。夫婦二人の花作りの専業農家です。ひと昔前、彼に言われました。「玉井さん、宝のようないい出会いの数々を自分一人のものにして墓場に持っていくのか？　ずるいよ。本にしろ」そんな時間も能力も財力もないけれど彼のセリフはズーと心に沈殿していました。

幸か不幸かこの度のコロナ禍と右足甲の火傷の入院で時間が出来ました。悲しいことの多すぎるこの国で、出逢った宝のような人達。その人達の心が私の五〇数年を支え、今日ここまで連れてきてくれました。この日本中の恩人の方々への感謝を表明する機会になればと勇気を出しました。ページ数の関係でご紹介出来たのはホンノ一部の方々なのが残念です。出版に賛成し背中を押してくれた劇団の代表であり、共に歩んできた相棒の由井数さん。自費出版のつもりが本にして出版しましょうと言って下さった同時代社の川上社長さん。メッセージを下さった山田洋次さん。心からの感謝を申し上げます。

昔、母に苦労にめげなかった訳を聞いたとき、悪戯っ子のようにニコッと笑い、人差し指で頭をコンコンと叩き「ここが馬鹿だったからよ」といいました。いま、深い真理だと思います。「火葬場に吹く風」で紹介したもとヤクザで、もと「オンボ」の津田さんが言いました「玉井さん、馬鹿と貧乏は人に盗まれる心配のない宝物だよ」ってワッハッハと笑っておられました。「馬鹿と貧乏」が私の宝だったのかもしれません。

母が健在ならば「自分の苦労は人に言えるほどの苦労ではない、人様に披歴するのは止めてほしい」と言うことでしょう。しかし母の姿なくして私の演劇人生は語れないのです、母の生きた姿が私の人生の基礎となっていること、そして生きることの厳しさと美しさをその身をもって示してくれた母。その姿は万民に通じると娘は思っているのですが……。ふり返れば辛いことだらけのはずが、何と光に満ちた五五年の旅でした。

私の抱える絶望をいつも希望に昇華して下さった皆様に感謝を込めて心からの「ありがとう」をお伝えしたいのです。

二〇二〇年一一月一六日

玉井徳子

著者

母からのバトン

〔二〇〇二年〕

新緑の飛騨の山が両岸に迫り、緑に染まった風が川面をのぼってくる、気の早いこいのぼりが民家の庭先で泳いでいる。風は小高い丘の、もと小学校のグランドにぶつかり、体育館で朝から汗ダクで働いている私たちに心地よい風を運んでくれている。ところどころに遅咲きのサクラが五月晴れの緑のなかでやわらかな色合を添えている、思わず飛騨の春の大気をあの鯉のぼりのように体いっぱい吸い込んでいた。

二〇〇二年四月二七日、岐阜県南飛騨の山あいの町、萩原町は天気予報を裏切り快晴になってしまった。廃校になったこの小学校は今、宿泊施設を備えた町の厚生施設。今日はその体育館で私たちの「釈迦内柩唄」を上演することになっている。大型連休の始まる土曜日、お年寄りの観客のことを考えて開演は午後二時、一時をまわると近隣の観客が一〇台の送迎バスで続々と詰め掛けて来た。体育館だからステージも暗幕もない。ステージは主催者が前日から作ってくれた仮設舞台、楽屋は舞台から七〇メートル離れた教室、観客の入り口から客席を隔てるロビーは勿論ない。

　観客は入り口で履物を入れるビニール袋をもらい、カーペットの上に並んだ様々な柄の座ブトンに座る。主催者がお寺から持ち寄って集めたのだ。座ブトンを囲むように足の不自由な人の為の椅子席がある。天井まで三〇メートルぐらいありそうだ。二階両側のギャラリーの上の一面のガラス窓には、暗幕のかわりに農業用の黒いビニールが貼り巡らされている。きっと大変な苦労と危険があったのだろう、しかし、あいにくの快晴と心地よい風は何処から入るのか黒いビニールをまるで風を受けて走る帆船のように膨らませ隙間から明るい日射しが容赦なく差し込んでくる。

　この作品は全編、秋田弁である。関西圏の人たちには耳慣れない、その上、大部分が主人公、ふじ子のひとり舞台だ。しかも幕開きから、薄暗い舞台中央に死んだ人を入れるカマがデンと並び、電話のベルと共に中央のカマの中からモゴモゴと人が這い出してくる。「楽しい」とは程遠い印象の芝居なのだ。

導入部分で観客が集中しやすいようにと開演前に会場係の人と客席をまわる。座高の低い人が後ろにいて見にくい状態がないか、そういう人には前の席を探して案内したり、もう一枚座ぶとんを渡してお尻を高くしたり、椅子席の人の足元がカーペットからはみ出て足を冷たそうにしていないか、そんな人にも残りの座ぶとんを渡し足元に敷いてもらったり、いろいろ工夫しながら客席をまわる。しかし暗幕の方は今さら手をつけられない。そのまま開演のベルがなる。ジッと集中している観客にヤレヤレと思ったとたん体育館の壁一枚向こうの校庭で先程の送迎バスがピッピッとバック音を鳴らし動き始めた。息をころして慌てて外に出るとスタッフも飛び出して来ていた。運転手さんに事情を話し止めてもらい劇場に戻ると満席の観客は洩れる光りもバスの音も眼中にないように集中してくれている。頭が動かない。主人公、ふじ子の嘆き、怒り、悲しみ、つぶやきが体育館を満たしている。この作品を上演するにはかなりの悪条件のなかで、お年寄りが、中年のおじさんおばさんが主人公と共に息づき思わず笑い、澄んだ空気を作っている。しかしビニールの暗幕は風をはらみ日射しを許し、暗転が暗転にならない。

最後のシーンだけでも何とかならないものか、悲しみの焼き場から一転して一面のコスモスの広がるラストだけでもせめてベストの状態で観客に届けたい！　私は二階のギャラリーに登らずにはいられなかった。観客に気づかれないように後ろの方から少しずつ隙間をガムテープで貼っていく、テープを切るタイミングも観客が笑った時だ、観客の頭上を背をかがめ息をこらして前に進む。強く引っ張ってビニールがはがれ落ちたらもともこもない。背が低いので思うようにいかない。ラストが近づく。ビニールの膨らみを押えるにはもう自分の身体で押さえるしかない、押さえながらラストを待った。いつもはこの時間は客席の一番後ろに立って、その日の劇場の総仕上げを体感している。今日は観客の頭の上、膨らんだビニールを頭と身体で押さえながら隠れているので観客の頭も見えない、自分の心臓の音だけがドックン、ドックンと音をたてて、客席を感じたい私の耳を邪魔する。いよいよ、ラスト、主人公ふじ子の辛かった思いと姉たちに会える喜びがひとつになってふじ子の声が炸裂する。終わった。「アレッ、拍手がない?!」と、ウオー！　と沸き起こって来るような拍手。そのたたく音の確かさと何とも言えぬ暖かさ、汗ビッショリの私の背中に電流が走った、ゾワッと鳥肌がたった、よかった！「釈迦内柩唄」という題名からして重い印象のこの芝居を、条件の悪いなか、お年寄りたちが、おじさん、おばさんたちがこんなにしっかりと受けとめてくれている。いや、ありのままの生活感覚で受けとめてくれるからこそ、こんな暖かい拍手をくれるのだ。

何ていい拍手なんだろう。何てイイ空気、何て暖かい人たち、この拍手の音色は生きていくことの辛さ、悲しさを、充分に知っている優しさがある。そしてその音色は私自身の様々な思いを包み込んでくれる。私はこの「劇場の音色」に出会いたくて何十年も旅を続けてしまった。私の生きる今のこの日本の現実のなかにこの音色を見つけ続けたくて文字通り歩き続けて来た。

私たちの観客は詩人である、といつも思う。むかし「あした天気になれ」というミュージカル形式の作品を上演した時「生きていれば辛いことや悲しいことがあるけれど、笑いにかえて生きていかなくっちゃね」と言ってくれたのは群馬県上野村の年輩のおばさんだった。「天までとどけ」という芝居を鹿児島で上演した時は、「人間のゆっくりしたあゆみが懐かしく、なぜか悲しい」と言ってくれた観客がいた、その人たちがどんな顔をしているのか今どんな暮らしをしているのか知らない、けれどその一言はどんなえらい人の評価より私を支えてくれた。「心にしみる」という表現を男性の観客がスラリと使う「暗く重たく寂しくて冷たいような演劇のなかにとても熱くてやけどしそうな程の想いをかみしめました、いい夜をありがとう」と言ってくれたのは長野市の六〇歳の女性だった。

人は皆、もっと幸せになりたい、と願いながら生きている。しかし生きていけばいくほど悲しいことも辛いことも多くなり深くなる。辛さや悲しみを器用にさけられない多くの人はそれを受けとめ抱えながら、だからこそ笑って生きている。私たちの観客はそれを教えてくれる。そしてそれは私の母の生きて来た姿とも重なる。

今私の生きるこの国では「希望」という言葉を簡単には言えない。でも、私たちの観客は私に「希望」を教えてくれる。手では触れないもの、形にできないもの、言葉に表わしにくいもの、そして、人生をかけて悔いなきものを。

役者でもなく、技術スタッフでもなく、年がら年中ひとりで重いカバンを抱えて知らない町の知らない人々を訪ね歩き公演を実現させるために四苦八苦する私の仕事。若い頃よく言われた、「本当は舞台に立ちたいのでしょ」「演劇が本当に好きなのですね」「若い時はいいけど年をとった時のことを考えてるの？」等々。年はもう充分取っている。役者になりたいとはいちども思ったことはない、演劇が好きかと問われても少し複雑である。若い頃、新劇の勉強をしなければと思い、高い切符を買って行ったが静かな雰囲気の中でスヤスヤ寝てしまって新劇コンプレックスは甚だ大きい。「人間が好きなのですね」とも言われるが素直にそうだとは言えない。人間が好きだったらもう少し仕事が楽だろうにと思う。昔、劇団の若者にもし生まれ変わったら何になりたいかと聞かれて、「植物になりたい」と答えて笑われたことがある。

私は子どもの頃結核にかかり小学校時代はロクに学校に行けなかったので大勢の人のなかに行くのは今でも苦手で人の注目をあびるのは好きではない。ひとりでいても少しも退屈しない。かえってのびのびと楽しいくらいだ。この仕事に本当は向いていない、そんな真反対の人間が気がつけば三七年（現在五五年）旅から旅の住所不定の暮らしをしているのだから人生は分からない。

けれど、向いていようがいまいが、時代に向かって問いかけずにはいられないものを馬鹿の一つ覚えのように語り続けてきた。

そして今「釈迦内柩唄」に出会った。この作品に出会えて幸せだ。作者の水上さんには感謝せずにはいられない。

主人公、ふじ子の生きた環境は私にとっては未知の世界である。しかし、ふじ子の苦悩と生命の叫びは「本当は人間、こうありたい」と願う人間の姿だと思う。

ふじ子の姿は悲しみ多き人生を誠実に生きてきた日本の多くの女性の姿と重なる。そしてそのなかに私の母の姿もある。

私の母は一九一九年生まれ、今年八二歳（※元気ならば二〇二一年現在で一〇一歳）、三〇キロあるかないかの痩せた小さい身体で、丈夫とは決して言えないが元気でいてくれている。香川県高松市の厳格な士族の家の三姉妹の末っ子として生まれた。母の父、すなわち私の祖父は出かける時には「父上、参って帰ってまいります」と挨拶し、帰宅したら「父上、参って帰ってまいりました。」と言っていた。玄関に来客があると「どうれ」と言って迎えた。子どもだった母も意味も分からず「どうれ」と言っていたとのこと。

父は一九〇九年生まれ九一歳で天寿を全うした。同じ高松藩だが高松城の上代家老で、水戸光圀と関係する家柄ということを大変自慢していた。父は金持ちの長男として生まれ、由緒ある家柄と東大の法科卒という事が自慢でならなかった人だった。そして美人の奥さんをもらい、人が欲しがるものを全部持っていた人なのだが、戦後何十年経っても自分の足で立てず、過去の幻影から抜け出ることが出来なかった。

そんな人が人生の伴侶だったのだから母は本当に大変だったに違いない。

母は二歳で実母と死別している。結核だった。感染を防ぐため母乳は与えられず生まれてすぐ乳母によって育てられた。時折乳母に抱かれて離座敷に会いに行っても、わずかな時間遠くから見るだけだった。この乳飲み子は一度も実母に抱かれることはなかった。

「許しませ、父母、背の君幼な子よ、務め果たさで先立つ我を」という辞世の句を残して三三歳の実母は亡くなっている。秀才で美しい人だったらしい。母を育ててくれた乳母も教師をしていた聡明な方で母は大切に育てられた。

しかし六歳の時東京への引越を機に乳母とも別れることになる。

別れの前日「大好きな叔父さん達に会える。従姉妹たちにも会える！　東京東京！」とすぐ上の姉とハシャいでお風呂に入っていた。背中を流してくれるばあが時折タスキ掛けの着物の袖を眼に当てていた、お湯か石鹸が跳ねたのだろうと思っていた。まさか、それきりばあに会えなくなるとは思ってもいなかった。と自分の呑気さを母は振り返っていた。

しかし、そのばあとは後年六五年ぶりに再会することになる。戦後、行方のわからないままになっていたが私たちが大きくなってから、母はよくばあのことを話題にし、とても会いたがっていた。

幸い私は仕事柄、人を訪ね歩くのは慣れている。追跡調査したところ愛知県でお元気でおられることが分かった。母と訪ねていった。ばあの手をとりたい、ばあに触れたいという母に対して、その方は「勿体ない、お嬢様」と言って畳に額をこすりつけ泣いていた。あんなにうれしそうに泣く母の姿は初めてだった。しかし、その後その方は心臓が悪く母の話しになると興奮して身体にさわるから、とのご家族の意向もあり母の願いどうりに会いに行くこと叶わぬまま二年後亡くなられた。

六五年ぶりのたった一回の再会だった。母は幼い頃ばあの里に一度連れていってもらったことがあるそうだ。桃の花がいっぱい咲いていたそうだ。

母は東京で実践女学校（現在の実践女子大学）を卒業して一九歳で叔父、叔母たちの決めた結婚をした。本人は職業婦人になりたくて野村證券に就職を決めていた、学校からただひとりの合格者だったが、「女子が働くとは、なにごとぞ、」という厳格な「お髭のおじいさん」の一声で取り消されてしまった。母の祖父にあたる人は写真をみると明治天皇と同じような髭をはやしていたので私たちは「お髭のおじいちゃん」と呼んでいた。結婚に際して両家の確執があり結婚後は実家とのつながりは安易にとることを許されなかった。乳母と別れて以来、母親がわりだったのは、長姉だったが母が二九歳の時、この姉はお産がもとで亡くなってしまう。

幼い子ども四人を抱えて母の悪戦苦闘が始まっていた。いわゆる竹の子生活で、膨らんでゆくのは父の作る借金とすぐ使えなくなる「専務取締」「代表取締役」の肩書きの名刺だった。

父と母は明治、大正、昭和へと激変してゆく歴史の波を受け急速に没落していった特権階層に属する。父は時代の波に翻弄され呑み込まれていった。母は泳ぎ方も知らないまま四人の子どもを背中に乗せて自分の手足で必死に泳いできた。若い頃の母の写真は、おっとりとして上品な美しさがある。今、年老いた母の写真、やせて皺ぶかく真っ白な髪に粗末な身なり。しかし、私は年老いた母の写真が好きだ。

母は私たち子どもによく言っていた「苦労かけてすまない。よく不良にならずに育ってくれた」と、でも私たちが物心つくころにはすでに貧乏だったので貧乏があたりまえで特別苦痛を感じたことはなかった。

大きな屋敷はどこもかしこも部屋貸しでいつも他人が住んでいた。夏は湘南海岸に近いので広間は何処かの会社の「海の家」になった。私と姉の部屋は納戸になった。八畳ほどの広さがあったと思うが、いろんな道具がおいてあって、木の香りがして、天井からの棚には掛け軸が重ねられ、北側に格子つきの窓があった。薄暗いが「アンネの日記」のアンネ、フランクになったような気分で結構面白かった。

広間の壁の処どころに四角く壁紙が色褪せていないところがあった。「どうしてか」と母に問うと売られた絵のあとだった。広間の敷物は灰色の丈夫そうな糸織りのマットだった、不思議なことに隅の方に長方形の面積の部分がふかふかと毛足があった、「どうしてか」と問うと、そこは昔ピアノがあったのと母はケロリとこたえた。「へーそうなのか、謎が解けた」と思った。あるとき学校から帰ったら玄関の正面にあったライオンが立体的に施されている大きな衝立がなくなっている。ライオンもお米になって私たちの胃袋に入ってしまった。広間の隅にあったおおきなソファアは椅子のなかのバネが飛び出していて座ぶとんで隠しているのだが、あるときその座ぶとんをずらした客がいた、おかしいやら恥ずかしいやらだった。

母が必死で働いている側で父は刀の手入れをしていた。その刀も間もなく一家七人の胃袋に入っていった。育ち盛りの子供四人と「私は三部屋ないと生きていけません」と言って生活水準を変えず、裏座敷を一人で使っていた祖母と、一家七人の生計は小さな母の肩にのしかかっていた。

母の苦労を知らず私たちこどもは楽しいことをいろいろ思いついた。お正月でもカルタを買えないわたしたちは、ワンサと残った父の名刺の裏を使って家族カルタを作った。絵の上手な姉が絵札を描いてみんなで文章を考えた。まじめで几帳面な妹を編集長にして一週間の家族の出来事を載せた「お玉タイムス」という新聞を発行した。食事の時私は何だか楽しくてつい歌が出てしまう、すると食べながら歌うものじゃありません。とよく叱られた。その他でもガミガミとよく叱られた。母はかなり厳しかったけれど、台所でよく歌っていた。娘時代にファンだった宝塚の歌だった。そして「小夜福子がこんな風な格好でね」と左手を胸にあて右手を斜め前方にのばし「一人はみんなの為に、みんなは一人の為に」といってハイネを演じる小夜福子のまねをしてくれた。楽しそうに真似るので私たちはいつも笑った。

いつも明るい母があるときうたた寝をしていた、眉間に皺を寄せて手の甲を額にあてていた。その指先を私は忘れない。細くきゃしゃな指先があかぎれで割れてあかい肉が見えていた。この春、家に帰った時母の古い家計簿が出てきた。そのノートのすみにそのころの母の詠んだ句が記されていた。

「あかぎれの痛さ脈うつ薬指、はやく治れと抱きしめ祈る」

とにかく母は自分のことには一切お金をかけなかった。度々の胃の痛みは熱したアイロンを当ててあたためながら唸っていた。薬も飲まず、と言うより買わず、医者にも決して行かなかった。

屋敷の庭にそびえる楠や泰山木にはこの家の変遷と母の姿がどんな風に映っていただろ

うか。

妹が小学校の高学年になって母は外で働くようになった。保険の外交から食堂のまかない婦、家政婦など。七里ケ浜ホテルの社員食堂で働いていたときのこと、おりからの台風で丘の上にあるホテルは海からの強い風を受けていた。小柄でやせっぽっちの母は吹き飛ばされそうになって歩けない。そこで母は石を拾ってすべてのポケットに入れ、自分に重しをつけて登って行った。帰宅してからそのときの怖かった様子などをマイム入りで私たちに語ってくれた。石を拾って自分に重しをつけるなんて思いつきに私は感心してしまった。住み込みの家政婦になった時は私たちこどもの心は黒雲に覆われた。だがそのお宅の奥様は「主人の会社の重役の奥様のようで上品で使いにくい」と言われてすぐクビになった。

ガス代もたまっていた。集金の人が来る度にあと◯◯日待って下さい、と母が対応する。父が◯◯日たったらお金が入ると言うからである。しかし約束は守られたことがなかった。母はウソをつくことを一番嫌った。母はある日ガス会社に出かけいつも来る集金担当者を訪ねた。集金の担当者だから留守である。居合わせた社員達が訝しそうに訳を尋ねる。母は言った「次ぎ◯◯日にお願いしますと申し上げましたが、その日も払えません。又、無駄足をおかけしてしまうのでお詫びに参りました」社員一同大爆笑になった、「払えないと断わりに来た人ははじめてだ」と、そのことがあってからその集金担当者と親しくなり、妹の高校入学時の革カバンはその集金の人の娘さんが卒業したのでいらないからと言ってプレゼントしてくれたものだ。おかげで妹は革の学生カバンをもつことができた。

母が貧乏を乗り越えてきたエピソードはいっぱいある。厳しい祖母が私たち孫が「素直で優しいのは貧乏だったからだ、お前さんは貧乏でよかったんじゃ。と言うのよ、言われてその通りだと思ったけれどちょっとしゃくにさわった」と言っていたのはおかしかった。

おりから世間は美智子様のご成婚で各家庭にテレビが広がっていた。我が家では姉が働き始めた。幼い妹と弟が好きな「ちびっ子ギャング」や「じゃじゃ馬億万長者」などを自宅で見せてやりたいと、初月給で月賦でテレビを購入した。しかしある夕暮れ自転車の荷台に乗せらて質屋へと運ばれることになった。頭金しか払っていない短命のテレビだった。

四人きょうだいのうち、ただ一人の男だった弟が三〇歳の時居眠り運転の車に追突され亡くなった。「苦労ばかりかけて何もしてあげられなかった、ごめんなさい」と弟の位牌に謝っていた。弟はきょうだいのなかで一番、父に対しても優しかった、その弟が一度だけ父に対して言ったことがあった。「俺、七度生まれ変わっても親父の借金返しきれないよ」と。母は弟を頼りにしていた。母は必死で耐えていた。今もその悲しみは消えることはない。新実南吉の童話のカタツムリの背中のように母の背中には悲しみの大きな荷物が膨らんでいくばかり。二歳で実母と死別、乳母との別れ、母親代わりの長姉との別れ、一人息子の事故死。自分の最も大切な人たちと死別してきた。何故、どうしてと思う。たくましいとはいえないかもしれないが、強くならざるをえなかった。そしてその笑顔は子どもながら美しいと思った。

私は母の人生をバトンタッチして生きていきたいと思った。理屈で説明できないけれど私の今の仕事へのスタート台になっている。

四〇年前、母に相談することなく劇団の試験を受け私の留守中に合格通知が届き母はどんなに衝撃を受けたことだろう。その頃は母、姉、私の三人が働いて生計を支えていた。働き手が一人減って申し訳ないと思ったが、私は未知の世界だったけれど、人間の生命の豊かさを時代に問い続ける劇団の仕事に身を投じたい衝動を抑えられなかった。一年間考えた末の決心だった。

　何十年と植木屋さんが入ったことのない、あすなろの生け垣はところどころ枯れて広い庭が丸見えの家を後にしたのは早春の朝だった。周りのお屋敷の松風だけ聞こえる静かな朝だった。母は家の中で一番上等な布団を用意してくれていた。タクシーのトランクに布団を積んだ。私は言いたいことが山程あった、けれど二人とも無口だった。やせた母の割烹着が物言いたげに立ちすくんでいた。心が張り裂けそうで涙が溢れそうだから振り向かなかった「貧乏がいやで行くんじゃない、お母さんの人生をバトンタッチしたいから出ていくの」と言いたかったけれどそんなこと本人に向って言えるものじゃない。「いつかきっと分かってもらえるように話すから」心のなかで思っていた。でも四〇年近くたっても今だにキチンと説明したことがない。

　母は今でも「いつ帰ってくるの」という。そして劇団の公演を引き受けてくれる主催者の人たちを神様のような人たちだと言っている。

　山田洋次さんの映画「同胞」を本当に喜び、感謝し、誇りに思ってくれている。

　母を思うとき、私は哀しいようなやさしいような涙がこみあげてくる。それは母が持って行き場のない悲しみや辛さを真正面から受け止め、それを愛の深さに変えていった姿を見てきたからだと思う。「身を捨ててこそ浮かぶ瀬もあれ」と言いながら素手で力の限り戦い抜いた母。父が東大の法科でも学べなかった、人としての道しるべを示してくれたかけがえのない母である。

今私は抱える悲しみや辛さを、明るい優しさに変えてくれる観客の中にいる。

「釈迦内柩唄」の舞台からふじ子の声が聞こえる。

第一部　出会いは創造の始まり

――ふり返れば希望が見える

永平寺町の「同胞《はらから》」（福井）

（二〇一四年一月（つうしんNo.53））

赤いリンゴにくちび〜るよせて〜
玉井さんは何にも言わないけれど、
玉井さんの気持ち〜はよくわかる〜……

永平寺町での公演を大成功させた青年団の仲間達との、いよいよのお別れの日、最後に彼らがいきなり大きな声で歌い出した。みんなの優しさと恥ずかしさとで胸がいっぱいになった。あの時から四〇年程経った。

今年八月一八日、当時青年団の団長だった吉田通治さんが、「焼け跡から」の永平寺本山公演の日程と併せて永平寺町での一般公演を仲間達に呼びかけてくれた。彼は仏花の切り花を主にした花の生産者である、お盆のこの時期は睡眠時間も取れないくらい一年の中

永平寺町・吉田通治さんたちと

でも最も忙しい時だ。そんなときに、公演の相談をもちかけるなんて、非常識で残酷で図々しいにもほどがある。しかし旅公演の経費がこのままでは確保出来ない。私はどうしても公演日程を確保しなければならなかった。お盆直前の日曜日の朝一〇時と、昼二時の二回の公演となった。朝と昼の開演なら地域の人たちも多忙なこの時期でも来てくれるだろうと、前代未聞の開演時間を設定した。

会場は永平寺町の一番奥、もと上志比村のサンサンホール。公演班一同を乗せたマイクロバスがインターを下りた、ナビがあるとは云え、さてどっち？　と思うポイント毎に「焼け跡から」のポスターが目に入り案内板が導いてくれる。劇団員の感嘆の声が上がる。会場が近づくに従ってあと〇〇キロと示された案内板とポスターの数が増えていく、それと共にバスに乗った劇団員達の気持ちも高まっていった。それだけで四〇年前の青年団の心意気が甦る。

通治さんの家は農家だったが田畑はご両親が、彼は会社勤めだった。しかし三〇歳の時サラリーマンを辞めて花作りの専業農家になった。「現代の流通機構はおかしい、僕は生産者と消費者が見える、喜び合える関係の花作り農家で生きていく」と熱く語っていた。周りから馬鹿にされても頑固にハウスなど設備投資の借金はしなかった、今でこそ「地産地消」「産直」が当たり前のように言われているが、当時は変人扱いだった。六三歳の今、吉田さんは誰もまね出来ない地域に根ざした切り花農家の第一人者。がっしりとした手はゴツゴツと花を育てた年月がしみ込んでいる。

混雑するロビーで「玉井さん！」と呼ぶ声、目の前に恰幅の良い存在感のある中年紳士が立っていた。やさしい澄んだ眼差しは少しも変わらない坪川達男こと「バラ達ちゃん」だった。涙が出るほど懐かしい顔！「バラ達ちゃん」の声。彼は寒冷地の福井でバラ作りに挑戦し続け、今や北陸でひときわ美しいバラを生産する農家として一目おかれている存在だ。「不可能、無理」と周囲から云われ続けた。

毎年の年賀状は家族の楽しい一コマ漫画。奥さんと娘さんが楽しそうに唄っている横でお父さんの彼はふーふーいいながら働いている構図が基本になっている。設備投資も借金もして現代の機構と四つに組んで戦い続けて来た。

二〇代のあの頃、私はのっぽで痩せっぽっちの彼のひたむきさを共感しながらハラハラと心配していた。通治さん、達ちゃん、私、人生について熱く語り合った遠い昔、三人ともすっかり白髪頭になった、でもバカの一つ覚えの様にやっぱり消えることのない熱い思いがそれぞれの中に息づいていた。

私たちはそれぞれのやり方で時代に向き合いつづけて生きて来た。嬉しく誇らしい再会は開幕を知らせる一ベルと共に劇場の興奮へと引き継がれていった。

広告裏の伝言（三重）

〔一九九九年（つうしんNo.23）〕

劇場の息づかいが受付まで届いてくる。終演まで後わずか、ロビーにはアンケート記入の机が並び、コスモスの花が豪華な花嫁衣装のように飾られ終演を待っている。

高橋さんと和保さんは開幕から一度も席を立たず、受付の隅で額を寄せ合いチケットの整理に没頭している。慣れない手つきで何度も何度も繰り返し計算している。

高橋さんは五〇代の主婦、子供達は其々自立し離れて暮らしている。彼女は学童保育の仕事をしながらご主人との二人暮らし、週末には東京で一人暮らしの父親の世話に通っている。この取り組みが始まってこの一ヵ月、夜遅くまでチケット売りや当日の準備に追われ、早朝六時過ぎには出勤するご主人とはすれ違いの生活が続いている。彼女が帰るとご主人はすでに休んでいる。彼女が起きたときにはすでに出勤している。二人の会話は朝夕の食卓に置かれた広告の裏のメモ。例えばある日の彼女のメモ「お帰りなさい。何もオカズ作れずに申し訳ありません。感謝の言葉もありません。では再び行ってきます。夜は一〇時近くになりますから、どうぞお休みになっていて下さい」という具合。ご主人はある大学の研究室で教授への道が開けていたエリートだった。お母様もそれを期待していた。しかし、教授選の裏を知ったとき妻の彼女に相談した「僕、出世しなくてもいい？」彼女は「貴方が納得出来る道ならいい」と。そして研究所とは無縁なホンダ自動車に就職。知る人のいない鈴鹿の工場に配属された。学歴とは関係なく流れてくるベルトコンベアに向かって自動車部品のチエックをする現場の労働者になった。

公演当日、緊張して彼女は三時間ほどしか眠ていない。今朝の食卓のご主人のメモは「おはよう！　1、芝居の道具の搬入の手伝い、腰に気をつけて、準備体操して大きなものはプロに任せること。先に立たず全体を見る立場でよろしく。2、当日のタイムスケジュールと役割分担は大きな紙に書いてはりだしておくとよいですよ。では、あまり頑張らずに楽しんで」彼女は「そうだった、今日は一番楽しい日なのだ」と思えた瞬間気持ちがらくになっていた。開演の挨拶に立った彼女の姿はういういしく楽しげだった。今、高橋さんと和保さんは眼を赤くしてロビーにあふれた観客の渦の中にいる。決算は黒字が一〇万円以上になっていた。観客の興奮の余韻がまだ残る誰もいないロビーから彼女はご主人に電話を入れた。そして真夜中の帰宅。翌朝の食卓のメモにご主人の声「おはよう！
公演の大成功おめでとう！」

三浦綾子さんの街で（北海道）

〔二〇〇〇年一〇月二九日（つうしんNo.28）〕

「コスモスや生きるいのち、消ゆいのち」

これは「釈迦内柩唄」の旭川公演の観客アンケートの中にあった一句だった。六五歳の女性の方だった。顔も知らない観客から寄せられる多くのアンケートに私たちはいろんなことを教えられる。そしていつも思わせられる「お客さんて詩人だなー」と。

旭川の公演は一人のクリスチャンとの出会いからはじまった。その太田さんが六条教会で会いましょう、と言うではないか。六条教会とは敬愛する作家、三浦綾子さんが通っておられた教会、三浦さんが亡くなって間もない時だったので私は六条教会に行けるというだけで興奮してしまった。

丁度、「金欠病」で財布は殆ど空っぽだったけれど小さな花束を一つ買うぐらいは間にあった。三浦綾子さんだから花束の豪華さなんか問題じゃない、心、心と言い訳をしながら教会に向かった。

教会は旭川市の町なかにひっそりと建っていた。六〇代前半ぐらいの太田さんは静かな柔らかな感じの方でフーテンの寅さんのセリフを借りたら「さしずめインテリだな」という印象、そして「誠実」という言葉を人間に変えたらこの太田さんだ、という感じの方だった。「釈迦内柩唄」や劇団の話に大変興味を持ってくださった。太田さんに粗末な花束を三浦さんにささげたいからゆかりの深いこの教会に活けてほしいと渡すと、丁度これから三浦さんのお宅に用があって行くから一緒に行きましょうと言われた。太田さんはなんと三浦さんがクリスチャンになられる前からの知り合いだったのだ。迷う私をいいからいいから、と三浦さんのお宅まで行くことになってしまった。

三浦綾子さんのご主人、三浦光世さんは雑誌やテレビでお目にかかったそのままの優しい方だった。

太田さんが呼びかけた実行委員会の顔ぶれは教会の仲間の方々、お寺のお坊さん、さまざまな市民運動をやっている方達だった。チェルノブイリの被爆

児童に学用品を毎年、届けにいっているお坊さん、タートルネックにトレンチコートの着こなしの牧師のようなお坊さん、図書の点字訳をボランティアでやっている方。何気なく交わされる会話のなかに他人に対する思いやりや優しさが空気のように満ちて旭川の良心の代表のような大人たちのあつまりだった。そんな方達が「釈迦内柩唄」の、藤子の世界にいたく共感して下さり三〇名を超えるメンバーで取り組みはスタートした。

実行委員会が終わって、凍てつく夜の路を車で札幌まで帰る私はいつも幸せに満ちていた。当日の劇場もやっぱり何だか泣けるような優しさがいっぱいの劇場だった。

「八五年生きて来てこんなに感激して見た芝居はありませんでした。皆様一生懸命でほんとうに良かったです」

当日八五歳の女性から頂いたアンケートです。

その日お寺は劇場になった（千葉）

〔二〇〇三年（つうしんNo.34）〕

ほとんど男性ばかりのお坊さんの会議の席上で「釈迦内柩唄」のアピールをした。その中にフッと気になる人がいた。衣を着ていなければクラシックバレエの先生のようなモダンで知的な雰囲気の女性。その人に声をかけられた。可能ならばお寺での公演を考えたいと。その人が宗真寺の石川慶子住職だった。

宗真寺は千葉県の南端、館山市のお城のふもとにある。私のいる神奈川センターからは久里浜からフェリーで三〇分、金谷港に上陸し車で小一時間程走る。東京の隣なのに館山まで来ると、空の色、風の色、緑のにおい、まるで違う。

山門から本堂までまっすぐに延びた石畳、両側から包む手入れの行き届いた緑の芝生、その上をチョコチョコ走る真っ赤なトサカの黒い烏骨鶏《うこっけい》。小さな白い烏骨鶏。庭をゆったりと囲む木々。明るい優しさがやすらぎを感じさせてくれてまるで天国の庭、否、浄土っ

館山　宗真寺

てこんな感じ？　というお寺。その一室で「くぇの会」という個人共同墓地の役員の方たちと話し合った。

陽気な人たちで親戚か兄妹のように仲が良い。実現させたいということになったが、本堂だと最大一五〇から一八〇人しか入らない。街の文化会館だと四〇〇人は入るので金銭の心配はない。舞台の準備も簡単で照明の効果も大きい。観客の座席も良い。条件を考えると文化会館が良いにきまってる。でも劇場の感動はそういう事では決まらない。宗真寺に集まったメンバーの心と、個性を生かした創意工夫で設備を超えた密度の濃い劇場のできる可能性がある。本堂公演に挑戦してくれないだろうか。青年のように生き生きしたこの大人の人たちならきっとやれる、と思った。

　後日、第一回の実行委員会を持つという知らせに再びお寺を訪ねた。門徒総代会、婦人部、壮年部、くえの会の人たちが三〇人程集まって待っててくれた。お金の足りないところは各々の会で出し合うという。みんなすでにやる気マンマン。仮設舞台を作るチーム、炊き出しのチーム、会場を考えるチームなどなど。舞台は公演の前日に門徒さんの本職の大工さんが、何年も使えるうらやましくなるようなしっかりしたものを作ってくれた。劇団のスタッフがやりにくかろうと、本堂の天井からぶら下がっている飾りのいっぱいついた黄金色の大きな……、なんと呼ぶのだろうか、「仏教式シャンデリア」も外してくれて、そして何と、太い梁に積もっていたホコリまで拭き取ってくれた。山門から受付まで、ペットボトルを利用して和紙にピンクのコスモスを描いた夢のような花灯籠が、観客の足下を照らした。絵は住職が描いたとのこと。開場までに来てくれた人たちにお茶で接待しながら携帯電話などの客席での注意事項を伝えた。劇場に入ったら楽しんでもらいたいので注意事項などいいたくないという配慮だった。そして、年輩の方が転ばぬように人数を区切りながら入場してもらった。ひとりひとりの観客にたいしても、私たち若い劇団員にたいしてもすみずみまで心をくだきもてなしてくださった。

私たちからいえば、親の年代、祖父母の年代にあたる方たちである。いい大人たちが面倒なことを楽しそうに生き生きと……。

門徒さんのまん中に背筋をのばした女性住職がいた。住職の今日までの来し方をまだ聞けずにいる。

七〇〇人分のホウバ飯（福井）

（一九九九年七月（つうしんNo.24））

白いやわらかなホタル草が、電灯を消し真っ暗にした部屋の中で弱い光を点滅させている。私がシャワーを浴びている間に、リッチャンは本当にホタルを探しに出掛け、ホタル草の中に入れてきてくれたのだ。もう夜中の一時はとっくに過ぎているというのに。私は初めて見るホタル草のやさしい光りに、しばし見惚れていた。

今夜は朝日町の公演を主催した「ホッとひと息　母ちゃん倶楽部」の打ち上げ会と解散式だった。三〇人近くの、三〇〜四〇代の母さん達（独身は一人だけ）が、午前〇時をまわっても帰ろうとしない。倶楽部は「今日もって解散します」の声にイヤダーという空気が座を走った。終わっても終わっても余韻の残る取り組みだった。

町の皆んなが集まって、人間が好きになるような感動を皆んなで味わいたい、そういう劇場を創りたい。リッチャンのそんな想いが一人、二人と仲間を呼び、大きな輪になっ

リッチャンとフーチャン

た。ほとんどが農家の嫁の立場の母ちゃんたちは忙しさを覚悟して背負い込んだ。

一人ひとりが生き生きと自分の個性を出して、殺風景な体育館は気配りとやさしさいっぱいの劇場に変身した。トイレは、きれいに清掃されて、新しいスリッパが置かれ、小さな花が飾られていた。花びらひとつひとつを切って作った、廃物利用のコスモスが通路を飾った。

公演一〇日前にチケットは満員御礼の札止めになっていた。

観客全員にホウ葉メシを配りたいという提案があり論議した。梅雨どきだからもし食あたりをだしたら大変だから止めよう、イヤ、ホウ葉メシは昔から伝わるこの地域の郷土料理、ホウ葉には殺菌作用がありくさらない。昔の人の知恵が今も生きているのだ、伝統の知恵を信じよう。しかし七〇〇個のホウ葉メシを作るには、ホウ葉が一四〇〇枚いる。この季節は山奥まで行かないと使える葉は手に入らない。それなら山に採りに行こう、二〜三本の木を倒せば一四〇〇枚は採れるだろう。と、遂にある朝、母ちゃん達はホウの葉を採りに行った。そして当日の朝、七〇〇人分のもち米を炊き、ホウの葉を一枚一枚洗って水分をふきとり、七〇〇人分のホウ葉メシを作った。「来ておっけて、おおきにの」という方言が、一つひとつのホウ葉メシに添えられていた。体育館の舞台条件は悪く、公演班の準備はギリギリまでかかった。入場を待つ観客は、開場と同時に靴入れのビニール袋とホウ葉メシを手にして、走るように入場してきた。会場係の母ちゃんは、そんなお客さんを思わず拍手して迎え入れた。場内は白いテープで桟敷がます目に作られていた。満席の観客は、後ろの後ろまでピクリとも動かず、ひとつのかたまりとなって舞台に集中している。思わず笑ったり、緊張したり、劇場がひとつの呼吸をしていた。

　そんなとき、非常ベルが鳴ってしまった。効果のスモークに反応してしまったのだ。しかし、観客は誰ひとり動かない。何という集中だろうか。私はベルの音にあわてながらも感動してしまった。

最後のお客さんが帰り、ロビーはピンクのそろいのTシャツを着た母ちゃん倶楽部のメンバーの喜びの歓声と拍手に湧いた。

そして驚くことに、あれだけの人が集まったのに、場内には靴入れのビニール袋も、ホウ葉メシの葉っぱも、何一つ落ちていなかった。チリひとつない客席に、私は言葉もなく唸ってしまった。人間ってこんなにステキになれるんだ。

リッチャンありがとう、フーチャンありがとう、伸ちゃん、ヒロミさん、みんなみんな本当にありがとう。

お日様を守ったお母さん（大阪）

〔二〇〇七年（つうしんNo.41）〕

人口二六〇万を越える大阪市の街をドンキホーテの様に馬もサンチョもいないけれど、走行二二万キロを越えた車に乗って走っていた。

大阪の夏は冷房なんか利かない。車は熱いトタン板の固まりに過ぎない。そんなある日、暑さで一層ボーッとした頭で教恩寺というお寺を訪ねた。

大阪駅に近いのに淀川の堤防を背にし、そばに公園もあるこのお寺は静かな環境で守られている。寺院内保育園のチビッコ達の底抜けに元気な声が大きな木々を抜けてくる風と一緒に、二階の本堂で住職の奥さんを待つ私のところまで届いて来る。お寺に隣接した空き地は工事中を示すフェンスで囲われ、今すぐにでもブルドーザーが動き始める様子だった。

午後四時半頃、やがて現れた住職婦人に私は胸を突かれた、木の実ナナと似た大きな目のハッキリした顔立ち、表情に心が溢れ出る人。しかし日本人にしては皮膚の色が違う、顔も腕もショートパンツからスラッと伸びた足も南太平洋に住む人達の様な茶褐色、満面の笑顔からこぼれる白い歯と手のひらの白さが浮きだっていた。彼女を紹介してくれた本多御住職から、保育園が日照権問題を抱えて彼女は多忙だとは聞いていたが……。

彼女は中学一年の娘と小学三年の息子を持つお母さん、そして園児二四〇名の保育園の副園長さんで住職の奥さんこと、坊守さん。近々、隣の空き地に高層マンションが建ち、

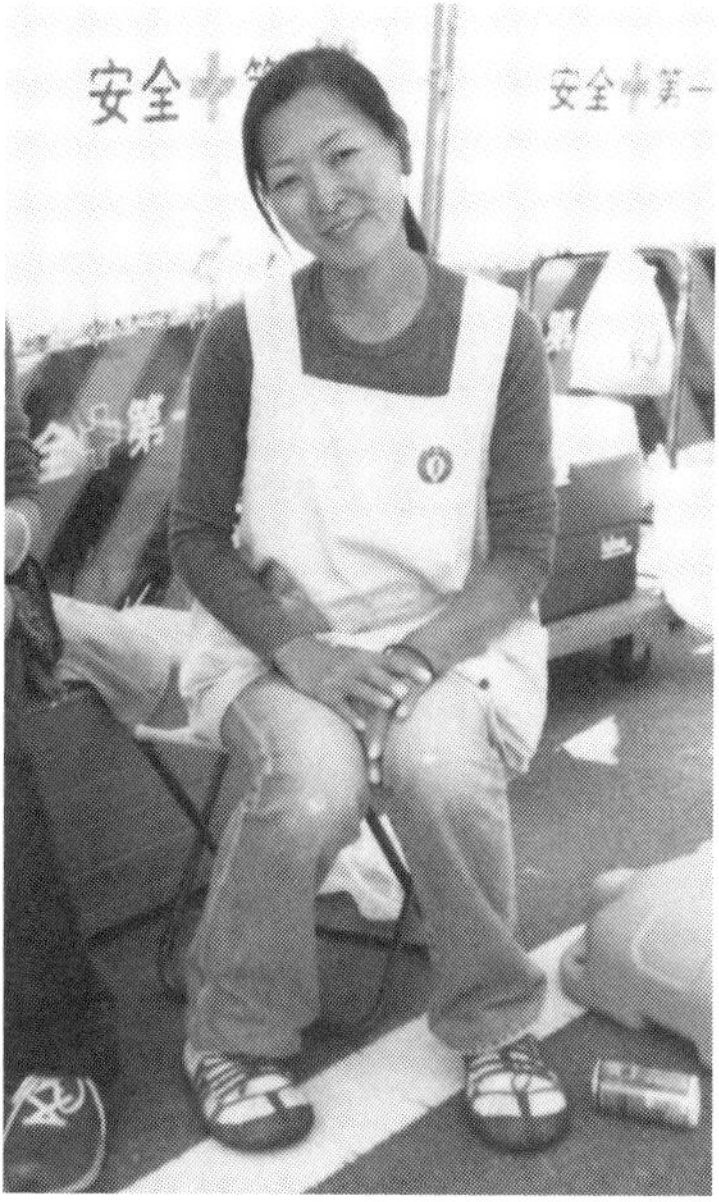

お日様を守ったお母さん

お寺の庭には太陽が一切届かなくなり、庭での運動や子供達の夏のプール遊びが出来なくなる。それが分かったときから彼女の思いもしなかった生活が始まった。朝七時から夕方四時半まで、雨が降ろうが雪が降ろうが、三五度を越える灼熱の日だろうが「子供達からお日様を奪

わないで！　高層マンション建設止めて！」の横断幕のもとフェンスの前に立ち続けた。その日は二六七日目だった。彼女の日本人離れした日焼けの謎が分かった。

彼女のチャーミングで大きな目は強い太陽光線を浴びて視力が落ち、白目の部分にシミが出来てしまった。顔のシミは取れたとしても目のシミは治らないとのこと。でも傘をしても濡れる冬の雨の方が辛かったと云う。しかし結婚して七年、あらゆる努力をしても子供が授からず苦しんだときはもっと辛かった。それを思うと何でも出来ると云う。

二人の子供のおかげで私はお母さんにならせてもらった、ほんとにうれしい、私はあなた達に会う為に七年間待ち続けたのよと子供達に言って感謝しているという。先程よく冷えたお茶を運んでくれたのは三年生の坊やだった。恥ずかしげに挨拶をする姿からお母さん大好きという気持ちが伝わって来た。彼は夏休みの間、二階の子供部屋から、立ち続けるお母さんの姿をソッと見つめていた。彼女はその事を知っていた。

人々は「アホやな、世の中のこと分かっとらん」「何でそこまでやるんや、建つ物は建つんや」とあきれ顔から「まだ立っとるんか」から「いつまで立っとるんな」そして今は「ようやるなあ」「ガンバリヤ～」に変わっていった。保護者や保育士達と集めた署名は三万人近くになった。一人で立っていたのが一緒に立ってくれる人達が出て来た。冬はホカロン、夏は冷たい飲み物などが差し入れられ、ビーチパラソルの椅子がおかれ、人生相談など持ち込まれるようになり壁のない応接間になっていった。一日立ち尽くした後は会議の連続で、子供に食事も満足に作ってやれなくなってしまった。

大阪公演の日、彼女は四〇人近くの人達を誘って見に来てくれていた。

公演後、今も立ち続ける彼女のことが気になって四度目の訪問をした。フェンス内の様子がおかしい、きれいに整備され、スローガンが外されている、遂にマンションの建設が始まるのか！　遂に！

近づくとフェンスに「教恩寺敷地」の五文字が掲げられてていた。お母さんの心が庭のお日様を守った。立ちつづけて三一〇日目のことだった。

銀色の涙（北海道）

〔二〇〇〇年一〇月二九日（つうしんNo.28）〕

加藤先生と初めてお会いしたのは、雪晴れの青い空がまぶしい一二月の午後のことだった。ガラス張りのレストランは冬の日射しがいっぱいで暑いぐらいだった。

眼の前に座ったのは、往年のスター、細川ちか子のような美しさと品のよい色香の女性である。「ワー、素敵」と心の中で叫んでいた。七〇歳でこんなに素敵でいられるなんて、それだけでも尊敬できてしまう。先生は是非この岩見沢で『おばあちゃん』の公演を実現させましょうと云って下さった。

先生の友人に保護司をしている人がいて、あるときそのAさんにフルートの演奏会に誘われた。彼女は保護観察下にある一〇代の青年を同伴していた。茶髪のその青年はシンナーがもとで少年院に入っていたとのこと。フルートの演奏はクラッシックから日本の童謡へと進んでいった。先生の前に保護司のAさん、その隣に青年が座っていた。先生の席からは青年の横顔がみえていた。

童謡が何曲か続いていたとき先生はハッとした。身じろぎもせずにいたその青年のホホが濡れているのだ。つぎつぎ流れ落ちる涙を拭おうともせずに……。先生にはその涙が銀色に光って見えた。

帰りの車のなかでAさんは青年に「無理に誘って退屈させちゃったかしら」と声をかけると青年は「イヤー、べつにー」と応え、Aさんがさらに「もう少し若者むきの曲もあれば良かったのにね、悪かったわね」というと青年は「イヤーべつにー」と答えるだけだった。

そのコンサートから数日後、青年は昔の仲間とシンナーを吸い線路で寝てしまい帰らぬ人となってしまった……。
本当は誰もが持っている「感動する心」のもつ力の大きさについて考えさせられる、悲しいけど胸に突き刺さる話だった。その話しをしている先生の眼にも銀色に光る涙があった。
先生は現役時代、子供が体力をつけ身体が充分目醒めた状態で授業を受けられるように何人かの生徒にマラソンを教えていた。自分の家から先生の家まで走ってきたら手作りのおやつを食べさせ励ましていた。走る生徒の数はドンドン増えてゆき、最後は担任の子供達だけではなく隣のクラスの子供や妹や弟まで連れて来て、多い時は五〇人を超える子供達が走ってきた。きっかけは朝食をとらずに学校に来る生徒たちに気づき思いついたことだった。

人数が多くておやつが足りなくなったときに作ったと云うメニューの一つをご馳走になったことがある。お餅をバターで焼いて生ハムをのせパリッとした海苔で巻いたものだ。手早く出来て美味しくて感激した。当時の子供達もきっと嬉しかったにちがいない。先生は「食べ物で釣っちゃった」と笑っておられたけれど、子供に対する愛情が伝わってくるエピソードだった。

数年前にご主人を亡くされ、今一人暮らしの先生は、毎朝、日の出前に起きて畑に行く。先生の畑の作物は、美味しい。もぎたてのサニーレタスの茎から乳白色の液がでるということは先生の畑で初めて知ったことだった。

一週間前には札止めし、立ち見になる観客のため座ぶとんを用意した当日の劇場。編み物が上手で私にチョッキやマフラーを作ってくださった大西さんはじめ、先生につながる仲間の顔、顔。何物にも代えがたい宝物をいただいた日々だった。

先生は今朝もあの畑に出かけられたのだろうか。

仏の風に吹かれて（北海道）

〔二〇〇〇年（つうしんNo.26）〕

一五年前、当別中学校ＰＴＡの三人のお母さんと一人の先生が頭を寄せ合った。

この町で演劇を上演したい、縁あって東京で先生が観たことがある希望舞台の公演の感動をこの町の人たちに伝えたいと熱っぽく語っていた。みんな賛成だけどこの顔ぶれでは何百人もの人を集めるのは無理だ、しかもお金を取って、その上誰も聞いたことがない無名の劇団なのだから。「私たちのこの思いを理解し共に苦労を背負ってくれる人、そして町の多くの人から信頼されている人、そんな人がいて、その人がもし、代表者になってくれたら公演は実現できるかもしれない」考え合った末、あの人しかいない、ということになった。なにか偉いお坊さんらしい、とても忙しい人のようだ。とにかく当たって砕けろで頼んでみよう、と若いその先生は全権大使として一人で訪ねて行った。理解はしてくれたけど門外漢だと断られてしまった。先生はガックリ肩を落としてアパートに帰り布団を

武田昭龍前住職ご夫妻と

かぶって寝てしまった。翌朝、ポストに手紙が入っていた。「門外漢だが人が困って助けてほしいといって来ているのに、仮にも自分は仏に仕える身、私でもよいのならやりましょう。人間のロマンのために共にがんばりましょう！」という手紙だった。先生の喜びいっぱいの声が受話器を通して聞こえてくる。まだ見ぬその住職さんの大きな暖かい心が伝わってくる。これから公演の取り組みが始まるというのに大成功して終わった後のような感動が私の身体中に広がった。――これが大成寺、住職武田照龍さんとの出会いであった。

「人間のロマンのために」はみんなの合い言葉になった（以後、題字を書いてもらったり長いお付合いになった。）。

一五年の時を経た今、その心は武田龍太郎若住職の「ふくろう隊」のなかに受け継がれている。「来てくれたお客さんが喜んでくれること。上演する劇団が喜んでくれること。そして最後に自分たちも喜び合えること」これが「ふくろう隊」の目指していることである。

仏というのは手で触ったり眼でみたりすることはできないもので、風のように感じる、ある「はたらき」のことだと聞いたことがある。社会も人間も「闇」の部分しか見えないような今日、私たち希望舞台はこの町に来ていつも仏の風に吹かれているのかもしれないと、ふと思わせる。ありがとう「ふくろう隊」！　ありがとう、当別！

劇団希望舞台と私

現大成寺住職
武田龍太郎（当別ふくろう隊　隊長）（二〇一七年一月）

私が高校一年生の頃、中学の吹奏楽顧問で恩師である長田英二先生とＰＴＡの父さん母さんが同じＴシャツを着て、夜な夜なお寺に集まりキャーキャーやっている姿が

人間のロマンのために第一回当別公演（1985年）

あった。当日お寺の前で「当日券」を売らされて、隣の小学校にいくと満員で熱気はムンムン、座るところが無く急遽用意された平均台に座って観劇した（お尻が四角なった）。

　翌日、札幌まで劇団員の方々とバスで送ってもらうことになった。前日の疲れも見せずにクイズなどを出されてさんざんいじられながら小一時間の旅が終わった。

　その時は「なんて素敵な人たちなんだろう！」と思い、実家のお寺を継ぐことが決められているものからみれば、全国を回って感動と元気を与え続けている劇団員の方々が輝いて見えた。

　それから大学を卒業し、いよいよお寺を継ぐために帰ってきて一年が過ぎたときに、「青い空が見えるまで」という作品を持って、希望舞

ふくろう隊のメンバー（2000年）

台がやってきた。真っ先に実行委員会に名乗りを上げて吹奏楽部の後輩や同級生らで「当別ふくろう隊」を結成し公演実現のために、ＰＴＡの父さん母さんと同じく、夜な夜な集まってキャーキャーキャーやった。おかげで公演は大成功！その後も町民の皆さんに生の舞台を提供して、スタッフも出演者も観客も笑顔になれる活動を展開していった。

今回、「焼け跡から」でまた希望舞台がやってきた。希望舞台本体も素晴らしい活動をしてきたのだから自社ビルが建ち、自前の劇場を持ち、高級車を乗り回し、さぞかし裕福になっているのだと思ったら……。相変わらずの一〇万キロ越えの小さな車で残雪残る当別にやってきた。でもイキイキと笑顔で、公演の良さをそこに役者が演じるように語ってくれた。これはサポートせねばとのことで「サポーターズ」。サポートになるばかりか、お荷物公演になったりして。

希望舞台の活動を見ていると、日本が見えてくる。娯楽の少なかった昔、各団体が元気だった昔、田舎にも太っ腹で向こう見ずな大人や青年がいた。今や手元のスマホの世界に入り込み、前例や規則や政治資金規正法？　を盾にして動かず、イキイキとキャーキャーいえる場が無くなってしまった。それは希望舞台の後援団体を見てもあきらかである。昔は教育委員会をはじめとする行政や、各団体などが主催後援をしていたが、近年はほとんど宗教団体である。しかしその既存の宗教団体でさえも力を失いつつあるのが現状である。

希望舞台代表で本作品の演出を手がけた由井数さん（川上勘太氏）の嘆きと憂いが聞こえる。今回もそうであるし、前回の「釈迦内柩唄」の中でもそうであった。オリジナルの作品でもそうである。「青い空が見えるまで」の一節「終着駅は始発駅になる」。またバラバラになっていくが、本公演を始発駅とする力を与えてくれるのが劇団希望舞台なのである。

今年、一人息子が高校一年生となった。

ドレミハ先生（東京）

〔二〇〇二年（つうしんNo.32）〕

忘れやしない、忘れるものか。
春の初めの城あとで、見つけたかわいい花すみれ、
泣いていたのか濡れていた、覚えているとも忘れるものか♪

ドジョウが出てきてカエルがピョン
なまずがニョロニョロ顔だして
めだかがチョロチョロかくれんぼ、
なんでも昔のままなのに、
ドレミハ先生なぜいない♪

この歌は私が小学校三年生の時、体育館で全校の生徒が観た映画の主題歌である。子ども達と、大好きな先生との出会いと別れが描かれていた。遠くへ行ってしまった先生を慕って子供達が歌うシーンではオイオイ声をあげて泣いて観ていた。でも、優しくて温かい気持ちになり、学校からの帰り道、この歌を歌いながら帰った、二歳上の姉も感激して帰って来て、二人でズーッと歌っていた。私はこの歌を音楽ノートに一生懸命、採譜して歌詞のまわりをピンクや水色のクレヨンで花飾りをつけこの歌には特別に金色のクレヨンも使って飾った。

今も春先の山道でスミレに出会うとこの歌がふと口をついて出る。仕事が苦しい状況のときなどは小さな紫の花に胸がキュンとしてしまう。しかし同じ世代でもこの歌を知っている人に会ったこともなく、あの映画は私の家族だけが知っている、まぼろしの謎の映画だった。

四月、東京の吉祥寺で「釈迦内柩唄」の公演をした。東京仏教学院同窓会会長の西さんが終演後、一人の女性を紹介して下さった。伊藤美苗さんといった。色白のはっきりした目鼻立ちの大きな目をしたその人は、「とても良かった。歌舞伎をはじめ、さまざまな舞台を観ているけれど観ている時に亡き父の仕事がよみがえったのは、初めてです」と言われた。

数日後、本願寺築地別院での公演の打ち合わせの為、西さんと別院の輪番室にお邪魔した。伊藤さんも来ていた。隣に座った伊藤さんが言った。「父は若くして亡くなりましたが教育映画を作り全国を巡演していました」

ハッとした私は「もしかして、その映画には主題歌ありましたか」と聞くと彼女はうなずいた。私は思わずドレミハ先生の歌を口ずさんだ。まんまるな彼女の目が一層、おおきくなって、きれいな顔がクシャクシャになって涙が溢れて私と同じ歌を歌いだした。二人で「どうして、どうして」と言いながら夢中になって歌っていた。輪番室は驚きで満たされた。

なんと、彼女は「まぼろしの映画」の脚本家であり監督だった佃血秋の愛娘だった。彼女はこの映画の歌をキチンと歌える人に初めて会ったと喜び、私はあの小学校の体育館以来、この歌と映画のことを知っている人に初めて出会った。そして「まぼろしの映画」が「ドレミハ先生」という題名で主題歌は

サトウハチロウ作詞、古関裕而作曲であることも知った。この映画の誕生秘話も知った。

数日後、家に帰った私はその話を母や姉妹に話した。みんなその歌を覚えていた。私は彼女に電話をして家族みんなが歌を覚えていることを伝え、受話器のまえでみんなで歌って聞かせた。喜ぶ彼女の声がふるえていた。

彼女は父、佃血秋の故郷であり菩提寺のある富山県氷見市で「釈迦内柩唄」の公演を実現させたい、氷見の人たちにこの作品を見せたいと、尽力してくれた。その御縁がきっかけとなり、今、氷見市での公演の準備がすすめられている。

人の心を豊かにしてくれるほんものの文化の力は五〇年経って奇跡の出会いをつくってくれた。私達小学生を感激させてくれた佃血秋は「ドレミハ先生」の撮影中に四七歳で急逝されている。海のみえる氷見市の公園に彼の歌碑がある。

さしてゆく岬みさきのいく曲がり
わが来し方にさも似たるかな

色褪せなかった新聞記事（北海道）

（二〇〇一年八月一三日（つうしんNo.30））

北海道新聞の「朝の食卓」というコラム欄に「良い子」と題するエッセイが載っていた。書かれたのは網走脳神経外科病院の院長、橋本政明先生だった。ありのままの自分と向き合うことの大切さを書かれたものだった。脳神経外科と言う時代の最先端の医療に携わる医者が人間をこんな風に見つめることができるということに、新鮮な驚きと共感を覚えた。

私達も人間を描く演劇の仕事であれば今日の人間と、そのおかれている状況をみつめざるを得ません。時代の一番うしろから歩いているような私達と時代の先端を行く脳神経外科の先生と似たような事を感じている。この先生は医療を通した眼でこのように感じておられるのだ。お会いしてみたいと思ったが真冬の北海道、札幌からでも簡単には行けないし、まったく未知の人だし未練を残しつつ記事を切り抜いてスクラップだけにしておい

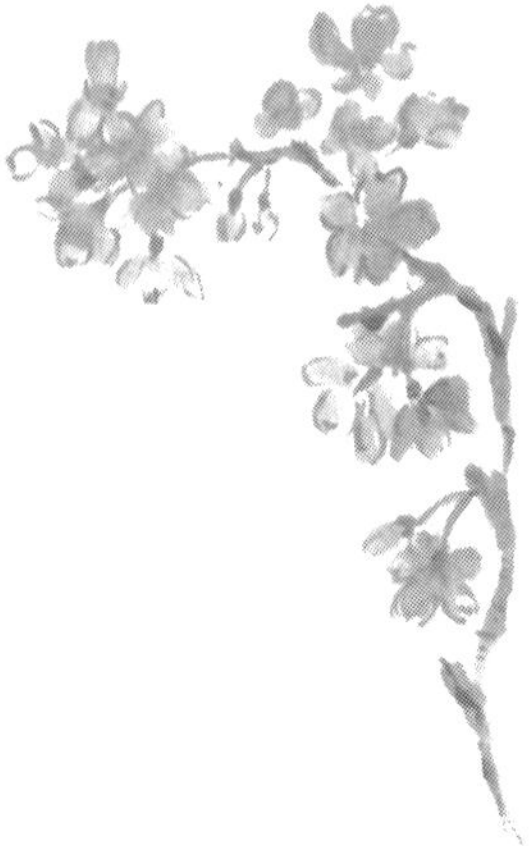

た。

二〇〇一年、再び北海道を訪れた。切り抜きは黄色く変色していた。でも私の訪ねたい気持ちは色褪せてなかった。誰の紹介もなく突然に面会を申し込むのは、きっとヘンな物売りか怪し気な宗教と思われるかもしれない。

勇気を出して電話する、しかしお忙しくて面会のスケジュールは簡単に作れない、とりあえず資料を送り後日の連絡となった。

病院への坂道がツルツルに凍って、流氷でぎっしり埋まったオホーツク海から吹き上げてくる風が痛く刺さる日、病院の玄関に立った。坂道を登る私の姿は地元の人が見たらさぞ可笑しかっただろう。幸いなるかな病院の周辺は林や学校の塀で運動神経やや劣る私が四つん這いになっても笑う人はいなかった。

数分後、私は院長室にいた。きっと通じ合えると思いながら夢中になって話していた。院長先生は「私以上に共感する、この話にピッタリの人がいます。ここに呼びましょう」といって一人の女性を呼んだ。白いナースの衣裳に柔らかな明るい笑顔が素晴らしい美しい人だった。一目で私は彼女が好きになった。楽し気に話す彼女は看護部長で病院の副院長だった。こんな人を副院長にする院長に一層、好感をもった。「おばあちゃん」の公演を実現させようと言う話になった。すぐその足で彼女と共に会場の予約に行った。

グラン・マ（グランドマザー）という名の実行委員会は病院の各部署からの有志で構成された。院長に赤字の責任を取らせるようなことは出来ない、とユニークな実行委員会は大入り札止めの大成功の劇場を創った。一幕が終わった休憩時間、院長先生が緊張したような恐い顔で楽屋に向ってきた、何があったのだろうと聞いたら「イヤ素晴らしい、こんなに素晴らしいとは思ってなかった、一言それを言いたくて」という。わたしはうれしくて先生の手を引っ張って楽屋に走った。

打ち上げは地ビールとワインの乾杯の嵐だった。みんな輝いていた。一人ひとりが感想を語っていく。私は幸せ一杯に叫んだ。「人間同士が信頼しあえるのに時間が問題じゃない、一瞬の真実があればいいのです。一瞬の真実が今日の日を創りました」その後、わが親愛なる後輩、ゆかりちゃんが言った。「訪ねて行くほうも行く方だけど、受ける方も受ける方だ」思わずみんな大爆笑！　私もなるほどと感心した。

先生も「騙されているのじゃないか、金が目当てで近づく人が多いのだから気をつけろ」と言われもしたとのこと、そして「実際にはあれほど素晴らしいとは思ってなかった。」と……。

何も持たず素手で、裸の心で歩いていくこの仕事の幸せを心に刻んだ出会いでした。

喜寿の青春（神奈川）

〔二〇〇四年（つうしんNo.35）〕

武田「あっ、そこをこっちに曲がって、ああ行き過ぎちゃった。じゃああそこをあっちに行って。あれっおかしいな、お友達の家がどっかに行っちゃった。たしかここだったのに」

私「ん、もうー！　もっと早く言ってくれないと車はすぐに曲がれないの。それにあっち、こっちじゃなくて、右とか左とか具体的に言ってよ」

こんな会話をくり返し私は七七歳の武田さんとチケット売りに町中を走った。本当は尊敬しているのに何故かいつも遠慮のない友達の様な口を利いてしまう。彼女の前ではノラ猫でも犬でも子供でも年寄りでもみんなそんな風になってしまうのではなかろうか。

武田さんは二〇歳の時、広島で被爆した。その体験を聞く会で私は初めて彼女と出会った。原爆の話は今までにも聞いたり見たりしていたはずだった。しかし、彼女の語る生々

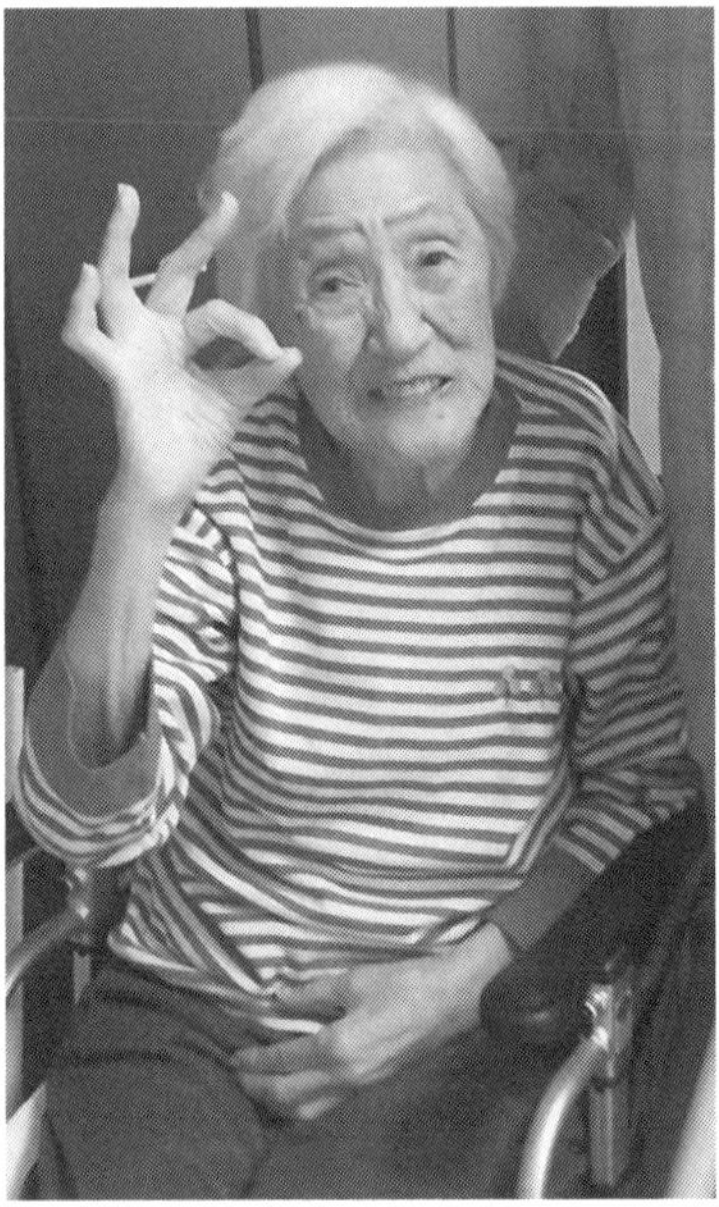

武田さん

しい現実は私の「知っていたつもり」のものよりもはるかに残酷だった。もし地獄というものがあるなら、その地獄よりもっとひどいと思った。被爆体験を語ると言う事はその地獄を何度も何度も再体験することなのだ。口を閉ざしたままの被爆者が居て当然だと思った。涙も息も凍りついてしまうような気がした。白髪に赤いセーターのよく似合うセンスの良い彼女は「それで、あれが、そうして」と要領のいいとは言えない話しぶりだが、だからこそ一層の真実が伝わってきた。全生命を賭けて語っているのがよく伝わってきた。彼女の語るむごたらしい現実は、しかし不思議なことに暖かなものが伝わってくる。

広島城の近くで学徒動員の作業中直爆を受けた弟さん、その日たまたま冬の革靴冬ズボンだった為上半身黒焦げになりながらも、ただ一人生き残ったのだ。前も後ろも判らない黒焦げの少年が向こうから歩いてきた。「お姉ちゃん」と言ったので弟と判った。臨時の病院となった小学校に担ぎ込まれた。その校庭に祀られていた「天皇陛下の御真影」の前で黒焦げで生死も判らない状態の彼がムクッと立ち上がって敬礼をしながら大声で「教育勅語」を叫んだ、その声に驚いた軍医が飛んで来て「分かった、良く分かった、もういいから休め」と言って身体を横にさせた。

その弟さんは五日後、武田さんの背に負われ庭に咲く早咲きのコスモスに顔を埋め「お姉ちゃん花ってきれいだね」と黒焦げの顔を黄色い花粉だらけにしてうれしそうに言って赤とんぼを歌いながら息絶えた。一四歳だった。

武田さんは昨年までの八年間、一三日間の「通し行進者」として、平和行進に参加している。彼女の一歩一歩は広島で亡くなった家族、親戚、友人、そして彼等を捜すために、文字道り屍をこえなければ歩けなかった、あの人達への弔いの一歩一歩だと言う。「年が経つにつれ、あの日のことがカラー映像になって甦る、七七歳の私にはもう時間がありません」と語った。

気が狂いそうな悲しみ、絶望、怒りを背負って武田さんは生き

てきた。彼女の少女のような自由でまっすぐなまなざしと明るさは「釈迦内柩唄」のふじ子と同質だ。私は七七歳のふじ子と出会った。彼女と劇場を創りたいと思った。

「昨口まで皆様がチケットにみえていました。今は皆様のお顔が有り難い仏様のようにかがやいてみえます～」開演の挨拶を終えた武田さんが半べそをかいた様な顔でロビーに現れた。

彼女は今、地元の劇団「ポテト座」に入るんだと言っている。

朝鮮の友（兵庫）

〔二〇〇五年〕

戦後六〇年、日韓友情四〇周年の今年「釈迦内柩唄」は三〇〇〇回の公演を迎えます。この作品を上演するようになって、学校では教えられなかったつらい歴史を含めて朝鮮と日本との関わりの深さを教えられました。そしてかけがえのない在日朝鮮人の友人と出会う幸せも得ることができました。三田市の公演でこんな手紙をくれた女性がいます。「会場で流せなかった涙を自宅で声をあげて泣きました。書き表せない程の胸にしみわたる、いろんな形の愛に、つらい時、悲しい時、つっぱって、つっぱって生きてきた年月を思い出しながら『見て良かった』公演でした。酒を飲まずにはいられなかった弥太郎さんと父が重なって、崔さんが逃げ込んできた時の場面は今でも頭から離れません……」

彼女のおじいさんは二〇代の頃、町内会の相談事があるからちょっと来てほしい、といわれ騙されて日本の筑豊炭鉱に連行されてきた。二歳の幼児をかかえた妻、彼女のおばあさんは突然いなくなった夫が日本に連れて行かれたことを知り、二年がかりで日本に行く船に潜り込み、炭鉱で働く夫と再会する。しかし娘が一八歳になった時、夫は落盤事故で亡くなり、祖国に帰りたくても帰れぬ日々を送っていた。そこに親子の面倒をみるという親切な男が現れた。その男は娘と結婚した。しかしその男はあちこちに女を作っていた。一八歳の娘は親子で世話になっているので我慢するしかなかった。それが手紙をくれた彼女の両親である。終戦とともに多くの同胞は国に帰っていったが八幡製鉄所で朝鮮人労働者を見張る役をしていた父は日本人より朝鮮人の仕返しを恐れた。日本人の上司が彼を山奥に逃がした。炭焼きをして親子三人が暮らした。ヒロポン中毒の男たちや祖国に帰れない同胞が彼を訪ねてきた。彼らはなぜか金回りが良く、ご馳走をたくさん持って訪ねて来た。その時ばかりは客と朝鮮の唄を歌い、どぶろくを飲み父は楽しそうにしていたとのこと。しかし男たちと作った床下いっぱいの密造酒は男たちが下山するたびに警察に捕まり、警察の摘発を受けた。摘発して押収しても険しい山奥ゆえ警察は持ってゆくことができずに、どぶろくの入った瓶を次々に壊していくだけだった。その時は家中、どぶろくの匂いの中で休まなければならなかった。子どもの教育に悪いと、お母さんはどぶろくでたまったお金を持って彼女を連れて家を出た。以来、父親とは別れて暮らすことになるが、晩年、脳梗塞で手術をした頃から見舞いに行っても「どなた?」と朝鮮語で聞くようになった。日本で五〇年を過ごしてきたはずなのに、看護婦さんは朝鮮語が理解できず「痴呆になった」と彼女に言った。「痴呆ではない朝鮮語だ」と説明し父に相づちをうった。父親はそれ以来、来る人、来る人に朝鮮語で故郷の住所を言っていた。彼女の耳には今でも父親の言葉が耳に残っている。病院で亡くなった父親の遺骨を、彼女は数年後、やっと故国に埋葬することができた。

私たちの知らないところで、多くの朝鮮の人が、この日本の中で過酷な人生を強いられて生きている。「釈迦内柩唄」は一遍の作品であるが、朝鮮の友と悲しみや悔しさ、人の心の豊かさを共有できることの喜びを日韓友情四〇周年のこの年に確かめ合えることの幸せを感じる。

無財の七施（兵庫）

〔二〇〇五年（つうしんNo.38）〕

コッツン、コッツン。コッツン、コッツン。山本さんの家に響く杖と装具の音。コッツン、コッツン。万歩計を腰に下げた六三歳の山本義幸さんのリハビリ歩行の音が泊めてもらっている私の部屋まで響いてくる。身体の不自由な山本さんは一人では外に行けない。午前中一時間、午後一時間、夕方一時間、一日一万歩を目指し家の中を歩く。

山本さんの奥さん定子さんは私が演劇の扉を叩いた時からの大先輩、彼女が制作部の仕事で姫路にきたおり、当時青年団の団長をしていた山本さんと出会い、恋をし悩んだ挙句劇団をやめて結婚した。以来、劇団の仲間達と一度訪ねたことがあったが、劇団自身の変遷もあり、二〇数年会うこともなかった。今回希望舞台初めての兵庫県の仕事に当たって、姫路事務所の設置には地域の人々から信頼されている山本夫妻の人柄があったればこそ実現した。

二〇数年前に会った時、山本義幸さんは職場の仲間の為に一生懸命働く組合の役員だった。お酒もめっぽう強く、豪快でまぶしいような存在だった。キラッとした眼差しは変わらないけれど、今、目の前にいる山本さんは、丸狩りの頭の左のこめかみから後頭部にかけて残る手術の傷跡、内側に曲がったままの右腕、動かない右足、思うように言葉が出て来なくてもどかしそうな口元。

山本さんは六年前に脳溢血で倒れた。四時間の手術で一命はとりとめたものの自分の名前も奥さんの顔も息子の顔も分からない、植物人間の様な状態になった。

山本さんが懸命に云う「これ何やたっけ、分からんのや、これおおとるけ」といって一冊のノートを持って来た。そのノートには2＋2＝4　木　林　森　など小学校で習うような計算や漢字が震える字体でギッシリ書かれていた。皆の先頭に立っていたあの山本さんが何十年振りに会った私に恥じることなくノートを見せて「分からんのや、ここがだめで」といって頭を叩いた。あの山本さんがゼロから虚心に生きはじめている。自分を恥じないその姿に私はショックと共に感動した。

山本さんには可愛がっていた甥がいる。若き医者であるその彼が脳を失った彼に云ったそうだ。「おじさん、大丈夫だよ、失った脳の部分の働きは、使っていれば他の脳が必ず

ノートを前に山本義幸さん

その働きをするように変化するから」。その通りに山本さんは人間の生命の神秘さと可能性を立証している。生活のほとんどを介護なしには生きていけない山本さんだけど山本さんの存在そのものが私をはじめどれだけ多くの人を励まし勇気づけているだろうか。「顔施」という言葉を思い出させてくれる。

山本さんが青年団活動をしていた頃の友人を紹介してくれた。その人は太子町の町会議員をしていた、聖徳太子ゆかりの、町のシンボル斑鳩寺を会合場所に町内各界の方々の結束で劇場は満杯になった、受付には議会議長さんまでが、かり出されていた。

トイレが近いので演劇の公演などには決してでかけない山本さんの車椅子姿がロビーにあった。今は互いに白髪になっているが青年団当時の仲間との再会を喜び肩を叩き合う山本さんのキラキラした笑顔が映画のラストシーンのように脳裏に焼き付いている。

コッツン、コッツン。きっと今日も山本さんは歩いている。

四〇年ぶりの初対面（大阪）

〔二〇〇六年（つうしんNo.40）〕

電話の向こうで思いがけない声

「エエッ！　昔の統一劇場ですか。懐かしいなあ、それはやらなくちゃ、僕、昔、静岡にいる頃取り組んでいるんです」

「アラ！　静岡の何処ですか？」

「伊豆のM町です。でももう四〇年近く昔のことですよ」

「私もその頃静岡でした。伊豆というとすぐ甦る忘れられない議員さんがいます。議員さんというより、熊か炭焼き小屋のおじさん、という感じの方で一見恐い印象なんだけど、親切で誠実な方でした。M町だったように思うのです……」

「いましたよS議員ですよ。彼から声をかけられて、当時青年団活動をやっていたものですから、『同胞』の映画と同じですよ。大変だったけど夢中になって取り組んで当日は駐車場の係だったからどんな舞台だったか覚えていないけど楽しかったことだけは覚えていますよ」

懐かしさに高ぶった綾部さんの声を聞きながら鮮やかに甦るあの夜のこと、今でも満月の美しい夜にはときおり甦るあの日のこと。

まだ二〇歳を過ぎたばかりの頃だった。公演地をつくる為にバスや電車を乗り継いでM市に行った。他の町から紹介されたその議員さんを訪ねた。すでに夜になっていた「この田舎町で演劇なんか観る人いないぞ。けれど山の向こうに話を聞いてくれそうなのがいる連れて行ってやるから今夜はそこで泊めてもらえ……」とそのモソっとした議員さんが云う。心細かったけど行くしかない。かれのバイクの荷台に乗せられ、どんな山奥でも舗装されている今日と違ってガタガタの山道を振り落とされないように必死にしがみつきながら峠に向かった。お尻は痛い。ほこりは浴びる。山の頂きに着いた時、一休みとなった。澄んだ夜空に見事な満月が山々とはるか裾野に広がる集落を照らし出していた。家々の明かりが美しく、降り注ぐ月光に我が身まで洗われるようだった。清涼として文句なく美しかった。思わず叫んでしまった。「ウワーッ、素敵！　こんな景色をいつもみられるなんて、いいなーッ！」先程までの心細さなんか何処かへ飛んでしまっていた。『熊議員』さんは云った。「景色では喰っていけないからよ」、私は恥ずかしくて消えてしまいたかった。私には美しく見えた家々の頼りなげな明かりの下での人々の暮らしに思いをはせることが出来なかった。

あれから四〇年近い歳月が流れた。あの夜のことは、あの時の山頂の空気まで甦る。けれど私の軽薄さは変わっていない。そして日本の四季折々の美しさがやっぱり私を有頂天にしてくれている。あの議員さんは今、どうしていらっしゃるのだろうか……。

数日後に会った綾部さんは当時、青年団員、今は年金者の組合の役員さん。初対面だったけれど四〇数年前、あの峠の向こうに彼はいた。お互いに忘れがたき青春のひとときだった。

高槻市の公演はそんな不思議な出会いが織りなした劇場だった。

下田街道ゆく道は（静岡）

〔二〇〇七年〕

「下田は遠いからわざわざ来るのは大変ですよ。」電話の向こうの、ゆったりとした、やわらかなやさしい声。下田市仏教会長の澤城ご住職だった。その声に惹かれて2月下旬、下田に向かった。清水から車で3時間。一を云えば十以上の事を汲んで下さる澤城会長さんや南伊豆町、川津町の仏教会役員の方達との初めての出会いだった。みなさん「大変さ」を飲み込んで観た事も聞いた事もない劇団の公演を全面的にバックアップして下さる事になった。

以後、何回か下田に向かうことになった。

天城峠を越えて下田街道に行く道は、いつもわくわくしていた。

新緑のトンネルは陽の光を通して若葉が透けて、濃く薄く重なり合い影をつくり、その間から光がこぼれていた。濃淡さまざまな桜が山を覆い、花吹雪の街道にモンシロ蝶の遊ぶ菜の花畑。

「桜舞い花びら一つ蝶になり」。

ある日、下田の海は霧か霞か空との境界がなくなり、その美しさに気を取られ、帰り道を間違えてしまった。日はとっぷりと暮れ、山に入るにしたがって霧が濃くなりついに息が詰まりそうな程の霧に囲まれてしまった。そのとき車のライトにキョトンとした鹿の顔が飛び込んで来た。行き交う車もないただ霧がうごめくだけの山中で「アラ！　今晩わ」といいそうになった。無事下界にたどりついたときはまるで霧など嘘の様に、知らん顔した夜の街が星空のもと静かに人々の生活をつつんでいた。

下田街道のトンネルの向こうには、人の心を大きく包んでくれる和尚さん達がいつもいた。

清水港《みなと》の五人衆（静岡）

（二〇〇九年（つうしんNo.45））

一二月六日、火鉢型のストーブを囲んで前期高齢者？　五人の男達がお汁粉に舌づつみをうっていた。一〇日ほど前に取り組んだ「釈迦内柩唄」の清水公演が思わぬ大成功で終わりその余韻がまだ冷めぬ五人衆。

清水の地元音楽隊「クリープ」の稲葉さん、宮城島さん、新聞配達員で「コスモスの唄」の作詞、作曲家の中山さん、演劇の鑑賞会に入っていた、渡辺さん、久保田さん。しかし五人とも優しいと言うのか気が弱いと言うのか、人に物を売りつけたり、お願いしたりすることが特別に苦手な五人衆なのだ。公演当日、観客が舞台の秋田弁になじめるように、前座で「クリープ」の演奏をした。秋田出身の薄井さんの司会で「山姥《やまんば》」、「コスモスの唄」の二曲を披露した。その時のビデオを見ながら自分たちの姿に「俺たちもこれからバンダナを巻こうか」と稲葉さん、「イヤ、ありのままの姿が渋くていいのよ」と言う人。

再び三たび熱いものがこみ上げ大声で笑い合っている。

昔の教師仲間たちに手紙を書いて返事をくれた人達にコツコツとチケットをお願いした渡辺さん、「切符を買ってくれた人達から電話がかかってくるんだよ、いいもの観せてくれてありがとうって。楽しかったし、ホントに感動したよって。そんな電話を受けてたら、アー俺たちも感動を創った一員なのかなって気がして嬉しくってサ」と目頭を赤くしている。

スキンヘッドで大きな体の稲葉さん、一〇〇枚を目標に昔の職場である農協などをこまめに歩いた。「チケットを売ってくれた地域自治会の天野さんから「ほんとに感動しちゃった、ありがとうって電話の向こうで声つまらせてるんだよ、だもんでオレも胸詰まってさ、お互い電話の向こうとこっちで泣いてたさ」と鼻水すすりあげている。

ひときわ大きな声の久保田さん、どちらかと言えば小柄でやせ形、眼鏡を鼻先に少しずらし、隣にいる人と話す時でもビックリした様な眼で、エネルギーいっぱいの大声で話をする。劇中お客さんが何度も拍手するのを見ていて「アレー！　お客さんがみんな主人公の藤子になっちゃった！　と思ったよ！」と口角泡を飛ばして話している。カーテンコールで花束を渡す係になってしまった彼は、奥さんからそのタイミングについてアドバイスを受けていた、「主役の俳優より早く舞台中央に到着してもダメ、遅すぎてもダメだめ、主役の藤子が登場しておじぎして頭を上げた時に貴方がそこに到着するようにしないとダメって言うんだよ、そんな難しい事、オレ出来ねえ、思っただけで頭の中が真っ白になっちゃっうから、本番では主役の藤子さんだけ見つめて突進したんだヨ」。みんなも「久保田さんが舞台の階段にツッかかかって転ぶんじゃないかとハラハラしたよ」とまたまた大笑い。

　いつもニコニコ静かなクリープのリーダー宮城島さんは「プロの芝居を見に来るお客さんは前座に俺たち素人の歌なんか聞きたくないんじゃないか」と心配していたけれど、演奏するその姿は貫禄充分の魅力があった。切符売りなど最も苦手で一番の恥ずかしがり屋の普段の彼の姿からは想像できないものだった。

　世間の人とは昼と夜とを逆に生きている新聞配達の中山さんは町のあちこちでギター片手に自作の「コスモスの唄」のライブステージを都合二〇回実現させ約束通り五〇人の人

コスモスの歌

詞・曲　中山アキオ

（リフレイン）
　コスモス揺れる
　コスモス揺れる
　風に弄(なぶ)られて
　コスモス揺れる

おどうがいつも言っていた
おんぼの竈（かま）の裏の畑の
花は死んだもんの顔だでや
ももいろコスモス笑ってる
むらさきコスモス怒ってる
空いろコスモス泣いている
真っ白コスモス知らん顔
（リフレイン）

百姓・鉱夫・おえらがた
かまに入るにゃいろいろあるが
灰で出てくりゃへだてなし
　せいたかコスモス空見てる
うなだれコスモス何思う
またの命を愛（いと）しげに
思い勝手に乱れ咲く
（リフレイン）

ふるさと遠く連れられ来て
むごい運命(さだめ)のあん人方を
木偶(でく)の坊みてえに眺めてた
歌えコスモスふるさとへ
歌えコスモスあの歌
吾(わ)もまた探すお花畑に
どぶろく抱いたおどの顔
（リフレイン）

コスモスの歌

を誘った。
　中山さんは国立Ｓ大学を卒業し、ある大手企業の静岡支社に入社した。リストラの嵐が日本中を覆い始めた頃、管理職になっていた五〇歳の中山さんは会社の要請で同僚仲間を解雇しなければならなくなった。五〇代といえば自分の家庭と同じように子供が大学や高校など一番お金のかかる時期、そんな同僚を指名解雇など出来ない、悩んだ中山さんは自分を解雇した。それから一五年間、朝三時に起きて朝刊を、夕方三時から夕刊

コスモスの作詞・作曲　中山アキオさん

を。という昼夜逆転の生活を続けて来た。そして心に感じたことを楽譜にしてギターで歌い演奏している。ある朝朝刊と一緒に公演記念のお礼に、と添え書きされた楽譜が入っていた。美しいイントロは群れ咲くコスモスが風に揺れる様そのものです。映画「母べえ」も楽譜になっていました。

当日はお孫さん達が「おじいちゃんの舞台だ」とかぶりつきに並んでいました。

恥ずかしがり屋で口下手で、世渡りが下手で涙もろいおじさん達が自分たちでさえ信じられない感動の劇場を創ってしまった。

晴れ渡った初冬の青空、少し傾いた陽射しを受けて五人のシルエットがまぶしく燃えていました。青年のようにはずんだ背中が光の中を遠ざかっていきました。

消えない町（静岡）

（二〇〇八年（つうしんNo.43））

島田から車で三〇分、一級河川の見事な川幅の大井川に沿って上流に向かう。日差しにキラキラ映える川面や、川岸にゆったり揺れている柳や灌木に目を奪われながら島田市公演の実行委員長、丸山とし子さんの運転で川根町に向かった。八月の末だった。

島田市の公演は動き始めたばかり、丸山さんとも知り合ったばかり。彼女は演劇鑑賞会の全国組織、島田市民劇場の運営委員長を長年に亘り勤め、この春、引退したばかりだった。細身の長身にスラックス姿が格好よく、アイシャドーもバッチリのメイクはそのまんまで宝塚の男役。細い指先で紫煙をくゆらす様は決まっている。顔の広さは抜群で市役所のなか、おまつりの商店街、何処を歩いても知り合いがいて「アラ、こんにちは、どうしてる」「オッス、元気？」と一〇〇メートルも真っすぐに歩けない。市民劇場を我が子のように大切にしている彼女は劇団の運営の厳しさをよく知っている。ある日、運営資金に

川根町　消えない町で

苦慮する私に「娘に車を買ってやったばかりでなければ私が何とか出来たのに、くやしい。島田は絶対いっぱいにするから、黒字をだすから任せて。玉井さん公演日程を増やそう、市民劇場の関係で川根町に知り合いがいる、思い当たる人がいるから行こう」ということになったのだった。自分が責任者の島田公演のチケットを川根の人に売りたいはずなのに彼女の気持の大きさ優しさに泣きたい思いだった。

そして彼女の同級生だった沖議員、町の中心部の家はほとんど檀家さんという三光寺の住職、市民劇場の会員でもあるお茶屋の奥さん朝比奈さん、工具屋の奥さん山本さんとの出会いになった。

たった四人からの出発が、町中の人が応援する取り組みになった。いつの間にか「この芝居は見なけ

島田市　丸山さんたちと

りゃ損だ」「旅行は又行けるけれど、この芝居は一回限りだ」という声が街で聞かれる様になった。街宣車から朝比奈さんの声が流れていた。運転しているのは昔、青年団活動に青春を燃やし県団長の経験もある役場の米澤総務課長。来年島田市との合併で超多忙の身、合間を縫っての活動だった。見事な事務さばきで要点を押さえ進めていくのは、もと役場の総務課課長で観光協会局長の中野さん。当日は開場前に長蛇の列、最後尾を知らせるプラカードがロビーに溢れた人のなかで揺れていた。島田を大成功させた丸山さんたちの姿もあった。

三光寺での打ち上げのみんなの輝く顔

顔、大成功を子供の様に心から喜ぶ沖議員。

劇団員が川根温泉で汗を流している間に用意されたテーブルの御馳走はすべて手作り、女性達の温かさが伝わる品々が鍋料理を一層美味しくする。かゆいかゆいと言いながら山芋をすりおろした男性陣、沖議員の奥様秘伝の山芋のだしは翌朝のみそ汁にも使われ、その美味しさは今も口の中に甦ります。

良い大人達がこんなに素直に喜び合える姿は今の時代そうあるものではない。米澤課長も石井議員も名カメラマンの植田さんも朝比奈さんもかって青年団の活動をしていた。そしてこの町には今も、みんなから信頼されている愛馬苑の松島君を先頭にした青年団がある。私は石井議員に、溢れる客席の誘導をしながら「こんなに大勢の人が来てくれることになるなんて、この町はどういうことなんでしょうね」と聞くと彼は「この町は一生懸命やる人を見捨てない、必ず応えてくれる町なんです。島田に吸収合併されてもこの町は島田の誇りにきっとなります」ときっぱりと応えてくれた。その通りだと思った。酪酊した米澤さんが熱く語る「平凡な生活を非凡に深く生きる、青年団の理念です。それが地域を国を創っていく基礎になります」。

山田洋次監督の三〇数年前の映画、青年団と劇団が描かれている「同胞」の主題歌が響いていた。二日間私たちの食事の世話をやいてくれた山本正子さんの素晴らしい笑顔と共に奇跡の様な町との出会いは、町の名前は変わっても劇団員一人ひとりの演劇人生の胸に消えない記念碑を建ててくました。二〇〇七年の千秋楽の日でした。

千の風が吹いた日（静岡）

〔二〇〇七年八月（つうしんNo.42）〕

「釈迦内柩唄」は現在三四九回目の公演が終った。生命の強い素晴らしい作品に出会い、その力が良い出会いへと私たちを導き、本来ならつぶれていて不思議はない劇団が、お陰さまで芝居の旅を続けられている。

昨年秋、浜松市で念願の静岡県公演のはじめの一歩を踏んだ。東海管区曹洞宗青年会の記念大会だった。打ち合わせに何度か役員の方達にお会いした。パワーがあって真っすぐで何とも爽やかで気持のよい青年達だった。

ところがお寺に帰ると奥さんがいて、小さな子供達もいるパパ達なのには驚いた。桐畑守昌さんもその中の一人だった。かなり重度のアトピー症の様で顔も腕もかゆそうだった。細身のスラリとした長身で時折、片足をかすかに引きずる様に歩く。何気ない会話や立ち居振る舞いの中に何かキラリと気になるものがあり、お寺を訪ねた。アトピー症と思っていたのは、抗ガン剤の副作用によるものだった。四年前急性白血病の診断を受けた。そしてその日、一粒種の圭佑君がうまれた。

　弟さんからの骨髄移植を受けてから二年、八〇キロの体重が五〇キロになった。小さな我が子を前にして死を受け入れる事は三五歳の彼には難しかった。ある日「千の風に乗って」を聴いた。涙が止まらなかった。死ぬことが怖くなくなった。足の痛みを抱えての療養生活とは程遠いパワフルな日々を送っている彼に初日の浜北公演を託した。宗派を越えたこの地域独特の仏教青年会がある。その仲間に話すという。連絡のないまま時が過ぎ、公演は難しいのでは？と思い始めた頃、電話があった「今、会議が終わり主催する事になった」と元気な声。

　劇団のことも作品のことも彼以外、知る人はいなかった。「お前はだまされていないか」と強く反対する先輩が

いた。かれは「俺たちは仮にも僧侶だ、人々の哀しみや苦しみに寄り添うことで修業するのが坊主だ。相手を信じることからはじめるのは当たり前の事だ」と担架をきったという。受話器を持った私の身体にあついものが駆け巡った。我が内なる緞帳幕は上がった。

若々しい千の風が吹き抜けた公演だった。

　彼は今、希望舞台遠州応援団長を自負してくれている。

「おめっちゃ今夜になれば喰えるら」（山梨）

（二〇〇八年八月一四日（つうしんNo.44））

身延山高校の校長室をノックした。「ハイどうぞ」と言って大きな声と共に大きな体の大きな顔の山内校長先生の姿。「昔、映画館で観たMGM社のタイトルのライオンだ、たてがみのふさふさした、大きな口を開けて威風堂々のライオンが「ガオー」と吠えているアレだ。声はまるで応援団長の様だ！　身延山高校は日蓮宗の本山のなかにある学校。きっと校長先生はうっかり軽口なんかたたけない、近寄り難い雰囲気のお坊さんに違いないと思っていたから驚いてしまった。

楽しく豊かなひとときだった。「玉井さん、今教育について色々言われていますがね、教育なんて一途に貫いていけば決して難しい事じゃないんですよね、私なんか自分が親から教えられた事を身をもって伝えてるだけなんですよね」と言われて子供の頃の話になった。先生の家は身延の大地主だったが三歳の時に父親と死別。戦後の農地解放で農地は没収され家は没落、お母さんは七人の子供と親戚の子供二人の計九人を育てあげた。汗と土にまみれ畑をはいずりまわって働いた。でも子供達はいつもお腹をすかしていた。先生のお屋敷は身延山詣の街道に面しており、その人達が一休みする為か巾三尺ぐらいの縁がお屋敷に沿って五間に渡って設けられていた、昼ご飯の頃になるとそこにお参りの人目当てに物乞いもやってきていた、そんな時はお母さんは必ず子供達のお皿から平等に食べ物を少しずつ取り上げ、竹の皮に素早く包み、物乞いの人たちに分け与えていた、「何で俺の取っちもうだ！」と泣き叫んですがる子供達に向かって「おめえっちゃ今夜になれば何か食えるら、あの人達ちゃあ、今夜になっても何も食えれんだ。こんつれえのこと我慢しろ！」と言うだけだった。

又、お屋敷の納屋には近くのトンネル工事をしていた朝鮮人労働者が何人か泊まっていた。疲れているその人達を先にお風呂に入れることもしばしばで先生が入る頃はもうお湯は黒く汚れていた。

お母さんは五つの事をいつも先生に言っていた。

一、何処にいてもお天道様はみているぞ。

二、人から後ろ指さされる様な事はするな。

三、みんなに生かされてるんだ感謝を忘れるな。
四、人が先、自分のことは後でよい。
五、涙を流せる人間になれ。

お母さんは仏様への感謝をいつも忘れない方だったそうだが、七人姉妹の末っ子で将来、山内家の家長としての責任を背負って生きて行かなければならない幼い息子へ母親からの戒めだったのかもしれない。

身延山高校は山の上。ある日先生は破れた靴で通う女生徒を見つけた、登山のベテランの先生はあの靴では下りの下校時に危険だと思い「その靴は危ないから捨てなさい」と言った。女生徒は「いえダメです、これは故郷の両親が入学のときプレゼントしてくれた靴です。」先生は胸を突かれた「すまなかった。分かった。先生がなおしてやろう」と言って布の部分は縫い、靴底は先生の古い靴底を取って細工した(先生の専門は建築工学だから実に緻密で器用なのだ)。生徒は三年間その靴を履き通し、卒業式を迎え、誇らしげその靴を履いて故郷の

長崎に帰って行った。

「釈迦内柩唄」二〇〇八年の初日、身延町公演の導火線はこの校長室から火がついた。昼夜二回の公演は見事な成功を納めた。

懇願され数回に渡って退職を延ばして来た先生も遂に今年、健康上のこともあり、退職なさった。ところが、校長室の片隅に「顧問」なる札の机が新設されていた。教職員、生徒挙ての嘆願の結果である。でも先生個人の望みは本来進むはずだった建築工学の夢だ。永年、生徒の方しか見て来なかったこともあり、身体を悪くした奥様への罪滅ぼしも兼ね、一緒に車で日本中の古い民家を訪ね歩き研究し、スケッチしてゆく旅をしたいのだと言われていた。そんな旅をさせて上げたい。そして旅先の私達とバッタリ会う事があったりしたらどんなに楽しいだろう。

山内先生が新米校長先生になった教え子に語った十訓

教師心得十訓

一、自分が真理に目を背け、
　　子らに真理を語れるか

一、自分が正義を犯しながら、
　　子らに正義を語れるか
一、自分が未来から目を背け、
　　子らに明日を語れるか
一、自分に誇りを持たないで
　　胸を張れと言えるのか
　　強く生きろと言えるのか
一、自分が輪から外れていて、
　　自分がスクラムを組まないで
　　子らに友情語れるか
一、闘うことから目をそらして
　　子らに勇気を語れるか
一、自分が両手を汚さずに、
　　自分が汗を流さずに
　　苦難に挑めと言えるのか

山内校長

一、自分が理想を持たないで
　　子らに夢を語れるか
一、自ら己を省みて、自ら率先垂範し、
　　青春時代の貴さを
　　　力いっぱい伝えたい
一、他人の喜び悲しみに
　　共感もって称えたい、
　　　共に悲しみ分かちあいたい

山内　惟治

田川先生のこと（三重）

（二〇一九年一月（つうしんNo.61））

「その一人の人」に出逢うために、日本中を歩き続けてきた。気がつけば五〇年の歳月が流れていた。その「一人の人」人間として時代に問いかけずにはいられない思いを持つ人との出会いが辛さを歓びに変えてくれた。ほんのひとときの出逢い、その出逢いは私の人生の奥深くに棲みつき、誰にも見えないけれど輝かしい勲章となって心の奥に光っている。その光は天空の闇の彼方の星につながる。時代への問いかけと、人間への願い。

希望舞台の制作の仕事はカタツムリの速度で、そして蟻のように年がら年中セッセと知らない街から村へ訪ね歩くこと。その出逢いが公演の日程となってゆく。

「釈迦内柩唄」は昨年で五〇〇回目の公演を終えた。そのプロローグは三重県津市、田川敏夫先生との出逢だった。当時先生は県の教育長をしておられた。多忙な日程の中、突

田川先生を囲んで

然の訪問に応じて下さった。広い立派な教育長室が一層広く感じられた。

私は中学の時に恩師からフランスの文豪ロマン・ロランを勧められた。深い共感は私の人生の土台となった。当時「ロマン・ロラン友の会」というのが日本のあちこちにあり、そうそうたる大人たちに混ざって私もその末席にいたことがあった。三重県に入ってある人から県の教育長がロマン・ロラン友の会のメンバーだということを耳にした。ただそのことだけで面会を申し込んだのだった。

田川先生は無名の劇団と生まれたばかりの舞台を受け止めて下さった。嬉しくて宙を舞う足取りで教育長室を出た。初演の舞

田川先生と実行委委員会（松阪市）

台をルネクレマンの名作「禁じられた遊び」を例にしながら評し、希望舞台の代表作の一つになるだろうと予見して下さった。

以来、三重県での劇団の公演、全作品を主催しバックアップして下さっている。お酒の好きな先生とお酒が好きで強い劇団員達はお会いするたびに赤提灯に消えてゆく。そして今、「釈迦内柩唄」は一〇〇〇回を目指す折り返し地点で再び田川先生の所に戻ってきた。

主催を引き受けてくれたのは高校教師時代の先生の教え子の皆さん。苦労の多いはずの取り組みを先生との阿吽の呼吸で動き回ってくれた。白髪混じりの教え子たちと友達のように飲み語る先生の胸に誰にも見えないけれど天空の星につながる勲章の輝きを見たように思った。

長崎の街で（長崎）

〔二〇一四年（つうしんNo.54）〕

心が震えるということがある。

長崎の街との出合いはそんな日々だった。

長崎市、時津町は七月二三日二四日と会場だけは押さえていたが何の準備も出来てない。私が誰も知り合いのいない長崎の街に降り立ったのは四月半ば、公演予定日まで三ヵ月に迫っていた。本州での上演と違って一行二〇人の交通費や運搬費の経費は桁違いに大きい、今からなら運がよくて一ヵ所。

六九年前の八月九日長崎に原子爆弾が落とされた日もこんな青空だったのかもしれない、汗を拭きながら平和公園の坂道を登って行った。デコボコの石畳に長崎の人は足が丈夫になるな、と思いつつ歩く。青空を突く浦上天主堂の姿。そしてその横にエキゾチックなカトリック大司教館。一〇年振りにお会いする古巣神父さん。島原でお世話になったがその後バチカンに赴任されたと聞いていた。今は長崎の大司教館におられると聞き、図々しく面会を予約していた。神父さんが私の事をどれだけ覚えていて下さっているかは不明だが私には強く心に残る方だった。

嬉しい再会「今度の作品は和尚さんと戦争孤児の話なんですが～」と手短に説明すると「クリスチャンも仏教も関係ないです。この作品には今の時代に大切な生命が宿っています。やりましょう！　応援します！」と。私は本音を言った「実は古巣さんの共感が得られなければ長崎市の公演はあきらめようと思っていました」。カトリックの女性部の方たちに会った。優しさが溢れてくる人たち。共に歩んでくれると言う。私は一瞬にして幸せ者になっていた。

宿にしたユースホステルはカトリックセンターの中にある。ユースのスタッフの清々しさに、さすがクリスチャン！　と感心していた。

しかしよそ者泣かせの道だった。バスと電車の路線が複雑で、車も通れない石畳の急な坂道が多く、歩くのには苦労した。目的地にはどのバスに乗れば良いのかバス停近くの店に訪ねても判らず、強い日射しの中困っていたら向こうの方から歩いて来た年配の女性が声をかけてくれた。日傘をさしながら次々に停まるすべてのバス会社の運転手に私の乗る

永井隆博士の妃己堂にて

べきバスを聞いてくれるのだ。そしてバスが来るまで一緒にいてくれた。それがごく自然でどこか控えめなのだ。私はクリスチャンかなと思う。

市電から降りて迷っていると、買い物袋の奥さんが私もそっちの方だからと一緒に坂道を登ってくれた、申し訳なくてひとつ私に持たせてくださいと云っても慣れてるから大丈夫という。腕にスーパーの袋がくいこんで赤くなっているのに。あんまり言うと通りすがりの「かっぱらい」と間違えられるかもと一瞬頭をよぎる自分が恥ずかしい。この人もクリスチャンかなと思う。タクシーにも何回か乗った、だが観光地によくある押し付けがましさやこちらの事をうるさく聞いたりしない、ごく自然でホッとする空間を創ってくれる。朝な夕なにアンジェラスの鐘の音を聞いて暮らしているとこんな風になるのだろうか。

仏教会会長の楠ご住職にお会いした。チラシを見るなりオッと声を上げられた、「富士山の唄は法話のとき必ず歌っているのですよ。私も戦争孤児と同じ年代、孤児たちと一緒によく遊びました、この話は人ごとではないし、今こそ多くの人に伝えて行かなければならない内容です。仏教会でも応援しましょう！」そして「おしゃかさまの会」の女性に繋いでくださった。彼女は仕事の行き帰りにコツコツと五〇人以上の人を誘ってくれた。

後日、チケットの回収に楠会長を訪ねた。奥から「焼け跡から」のチラシを貼ったきれいな菓子箱を持って来られた。中には回収した残券やチケット代が入っていた。お盆の多忙な時期にどんなに心を砕いて下さったかその箱が語って

大浦天主堂

いた。記念にいただいたその箱は今、東京公演の準備に活躍している。

追いつめられていた私を救ってくれたのは宗派を超えての、宗教者の方々だった。古巣神父さんが神学校の先生をしておられた時、ある和尚さんを講師に招いた、講演が終わった時、一人の神学生が「私は良寛のような神父になりたい」と云ったという。可笑しいけれどとてもよく解る気がした。

長崎の大地にはキリシタンの悲しみの涙が、原爆の痛みがしみ込んでいる。だから目の前の困った人に自然に手を差し伸べる優しさが空気のように身体に沁みているのだろうか。ユースのスタッフは誰もクリスチャンではないと云う。タクシーの運転手さんも、買い物帰りの主婦もごく普通の人たちかも知れない。人間の品格とはこういう事をいうのだと思う。

古巣さんの著書「ユスト高山右近」に「いま、降りて行く人へ」という序文がある。「あのとき、日本中の人たちが瞬きもせず涙目になって見届けたものがありした。押し寄せる真っ黒い波に向かってくだってていき、『早く高台に、早く高台に逃げて下さい。生きてください』と叫びながら消えて逝った人たちの姿。～略～みんな低いところに、低いところに降りて行き、いのちの方向を指し示した人たちです」

火葬場に吹く風（北海道）

（二〇〇四年八月（つうしんNo.36））

津田さんの職場は、緑に囲まれ日本海を一望する海に迫る丘にあった。羽幌の街はずれ、丘陵の間から青空を背景にエントツが見えてくる。「羽幌葬祭場」とおそらく津田さんが作られた木彫りの看板を曲がるとカラスが迎えてくれるように上空で鳴きながら先導してくれる。ビックリすると津田さんが餌付けしているとのこと。

津田さんはかって極道の親分だった。終戦の焼跡の残る新宿あたりで「道を極めて」前科三犯。本当はもっと多くて十数犯なのだけど子分が肩代わりして三犯なのだそうだ。時代の流れのなかで極道の質も変化し、失望し足を洗った。しかし、前科三犯となると使ってくれる人は簡単には見つからない、外車を乗り回し、贅沢三昧の生活だった津田さんは職を求めて北へ北へと向かい遂に北海道の日本海に面した羽幌町に来た。苦労を重ねた奥

津田さんの真赤な愛車と

さんが入院し手術を受けなければならなかったがそのお金が用意できなかった。情けなくて日本海の絶壁に立ち死のうとしたが飛び込めなかった、死ぬことも出来ない元親分の自分に一層絶望が深まった。今でも自殺した方を火葬する時、この人は偉い、自殺出来たんだ。と思うことがあるそうだ。

そんなとき、ふと見つけた仕事が火葬場の仕事だった。仕事を決める時、「妻と子供が辛い思いをするかも知れない」と相談した。奥さんも子供達も気持ち良く賛成してくれた。自分の罪への贖罪としても「オンボ」家業をやる決心をした。そしてまもなく、津田さんは自分の母親を我が手で火

地元の海鮮料理を準備してくれた小川礼子さんと婦人の皆さん

葬することになる……。

「足を洗って」一番驚いたことは、極道の世界よりシャバの世界のほうがもっと悪い奴がいっぱいいると言うことだそうだ。ネクタイ締めて背広着て涼しい顔してヤクザ顔負けの悪事をやってるのを知ると怒りが湧くと言っておられた。

「釈迦内柩唄」の羽幌公演を終えて翌朝、「おばあちゃん」の公演以来お馴染みの、主催者のお母さん達と津田さんの職場を見学した。柩を入れる竈のなかは意外に狭く隅に灰が少し残っていた。ありのままを見たい私たちへの津田さんの配慮にちがいない。のぞき穴は案外大きく、ひっかき棒の重さと長さが新鮮だった。

少し薄気味悪さを覚悟していたはずなのに、竈の表も裏もなんだかあったかくてホッとする様な空気があり、思わず竈を「ご苦労様ね」と撫でてあげたくなる不思議さがあった。「ここで焼いてもらえるといいな」と少なからぬ人達がそう思うのではないだろうか。ロビーや待ち合い室には津田さんの木彫りの面や書がいっぱい飾られ、訪れた人たちが自分の来し方と向き合える空間になっていた。

津田さんは言う、「ここに来たら泣いちゃダメだ、涙はここに来るまでに全部流して、ここではご苦労様でした、と言わなければいけない。火葬場には優しい風がふいているのです」。

公演当日、一番前の特等席で観てもらおうと思っていたのに、津田さんの姿は二階の客席の一番後ろにあった。どうしてか、と聞いたら町の人達はみんな自分のことを知っている、私はいいが私の姿を見かけたら、みんながこの芝居を遠慮なく楽しめないかもしれないから、と言われた。その姿が頂いたお手紙を見ながら甦る。

津田さんからの手紙　第一信

〔二〇〇四年〕

玉井様、今日便り着きました。

お手伝いも出来なかった私の様な老人にお礼の書とは心苦しいです。

当地に来た人達は内地に行き、玉井様が一人残り九月の公演の準備とか、身体に充分気をつけて頑張って下さい。

安定の二文字が人間の味を消し、不安定の三文字が人間に味を付けると思います。私に娘がいたならば不安定な職業の男に嫁にやると思います。なぜか親は我が子の幸福十裕福を夢見るものです。

私は我が子の苦労十一生懸命生きいてる姿は見たいと思うが、幸福をあたりまえの様に思う子は見たくないです。先日あなた方一同はとても幸福そうでした、それは言と動とで人々に感動をあたえているからだと思って拝見していました。

霊園と火葬場に吹く風はとてもやさしい風です。明日も又優しい風が吹くよう精進して勤めます。

明年は秋桜を霊園と火葬場の道端に蒔きます。そしてあなた方が健康で旅を出来る事を秋桜と一緒に祈ります。もし最北の道、羽幌を通る時がありましたらお立ち寄り下さい。私が旅立ちをした後でしたら妻がいるはずです……。

皆様に宜しく

かしこ

（二〇一三年）

津田さんからの手紙

元気な電話の声を聞いて達者で活動していると思いました。命あるものすべて元気が一番ですネ。羽幌で初めてお会いしてから幾年月過ぎたでしょうか。私も七六歳になり、火葬場を辞めた今日は、一日の半分は床の中です。

昔出会った人達を思いうかべ笑ったり泣いたり反省したり、波乱な人生を送ったおかげで時間をあますことは有りません。其の他に目の前に来ているであろう旅立ちの日のために心の準備は出来ているが物の準備が出来ていなかったので一年前からその方向に向かっています。自分が入る棺桶を友人に作ってもらい置いてあるのを見た友人が骨箱と位牌を買ってプレゼントをしてくれたので戒名はいらないので俗名で名前を書いておき、妻には俺が死んだら何も供えはいらない、好きだった物を紙に書いて供えてくれたら嬉しいなあ～。と言うと妻は何でも自分の思うようにする気になって困ったものだなとつぶやき……。お経はどうするの……。お金がないからお経の代わりに俺の名前を二、三回唱えてくれたらそれが一番だと言うと、その時だけは一寸淋しそうでした。

葬式は我が家から出るのが一番だと思います。普通ならば病院で亡くなるとしたら入院したら早く良くなって家に帰りたいと願うはずです。誰も寺に帰りたいと思う人はいないはずです。棺桶はリヤカーで俺の友達に頼んでおくので火葬場まで運んでください。

俺の葬式だけは見栄を張らず格好をつけずに情けで送り出してくれと頼んでいます。二八年と一ヵ月火葬場で働いて来ていつも思うのは見栄を張って格好をつけるのも良いがそれ以上の情があればと、合掌した日々でした。

逝って帰って来れない所に行くのだから最後ぐらい一時でもながく家族と一緒に居たいものですね。

私のこれからの生き方は皆んなが欲しがるものではなく、金と肩書きで求められないものを探し求める人生にして生きます。

あなたと出会った時からすると大分体が細く軽くなりました。肉類も魚も口にするのがいやになり、魚など顔が付いていると見ただけで可哀想になります。焼肉も同じです。困ったものです。私も人間だがその身勝手さと残酷に己がいやになります。

私の今日の一日の仕事は世間をはばかりながら夜九時頃になると静かにソッと外に出で腹のすかしている野の子供達にに食事をさせるのが一番の楽しみです。お前達明日の夜も来てちょうだいと話しかける今日です。一生懸命に生きているす姿が一番美しいですね。汗をかいて国を造った時代が良かったですね。今は口先三寸で国を造る時代です。

最後に先日電話で言いましたあの話……笑って下さい。

悪い所は顔に頭に性格で、無いものは金に学歴、肩書きに財産。あるものは慈悲と信念だけ。

他人に馬鹿にされても笑っているサー、貧乏と馬鹿だけは他人に取られる心配がないので私の一生の宝物です。

では今日はこの辺でサヨナラしましょうね。

ご一同様に宜しくお伝え下さい。

玉井様の健康を祈りつつ、又の日まで。

津田

塩尻の〝ふじ子〟（長野）

〔二〇〇九年六月三〇日（つうしんNo.46）〕

玄関の扉が開くと、小柄で黒髪のおかっぱ頭と二重の黒い大きな瞳の、日本人形を思わせる笑顔が私を迎え入れてくれた。それが石曽根美佐子さんだった。壁一枚でお隣の家、二軒続きの木造の二階屋の、お宅を訪ねたのは二月のある日の午後だった。

二〇代後半から三〇代前半かな？　と思った。初対面だったし、三〇分位のつもりが楽しくて話が尽きず気がついたら室内が薄暗くなっていた。窓からの陽射しがいつの間にか遠のき冬の早い夕暮れ時になっていた。なぜ電気を点けないのかなと思ってハッとした、そうだ彼女はほとんど視力がないのだった、ぼんやりとした明るさしか分からないのだった。お菓子を出したり、お茶を入れてくれる動作から、そしてその明るさと黒い瞳に接していると全盲とはとても信じられない。素直にそう言うと彼女はいたずらっ子のような表情で鼻にシワをよせてエヘヘッと笑って「見えない振りしてるのよっ」と言うのでまたまた二人で大笑い。

後日、後輩と二人で泊めていただいた事があったが、その時、彼女の作ったサラダの色どりも美しく素敵なサラダにビックリ、思わず「見えない振りしてあのっ子、わりとやるもんだねっと~」昔、流行ったアミンの歌を歌ってしまった！　以前は見えてちゃんと主婦してたんだから、その時の記憶があるんだと言う。先天性の難病で徐々に光を失いやがて完全に失明する。生まれたときからそれは分かっていたのだと言う。

独身かと思ったら二〇歳の娘さんが名古屋の大学に行っているとのこと。ご主人とは盲学校で知り合い結婚。彼は設計士を目指す大学生の時、網膜剥離で失明。共に鍼灸師の資格を持っている。彼は手術によって視力を回復、多少の不便はあるけれど車の運転もするし、鍼灸院で働いている。娘が大学を卒業し独り立ち出来る様になるまでは頑張らなければと二人は言っている。

毎回夜に開かれる実行委員会へ二人揃って参加してくれていた。ヒョロリと背の高い彼の腕に寄り添って駐車場から歩いてくる二人のシルエットは写真家ユージン・スミスの名作「楽園への歩み」と重なって私はその度に心のシャッターを押していた。実

行委員会の初顔合わせの自己紹介で「私は全盲ですが口から先に生まれてきた様で、口は達者で時折、災いを起こすかもしれませんがよろしくお願いします。見えない振りしているかも知れませんので気をつけてください。目の不自由な人達がもっと社会に出て世界が広がる様、相互に理解が深まる様、副音声のガイドの実施に頑張ります」と言った。その横でご主人はにこにこと恥ずかしそうに「僕は彼女の杖がわりです」と。彼らは実行委員会の心のシンボルになった。

「釈迦内柩唄」に美佐子さんは滝の様な涙を流した、人前で涙を見せた事のない彼女が「心の奥にズーとしまっていたものが突き破って出てきて止める事が出来なかった」と。

彼女を初めて訪ねたあの日、夕暮れの中、帰る私を車の所まで送ってくれた時だった。玄関先とは言え、家の外をよく歩けるものだ感心して言うと「お陰さまで私は徐々に光を失っているので少しづつに闇に慣れて行けるの」さらりと言った。徐々に光を失って行く不安と恐怖はいかばかりかと思う私の心を突き刺す言葉だった。彼女の姿は今もこれからも私の心に生き続けて行く事と思う。

長野県にいる間は仕事に疲れた私の身体を先日のように鍼灸で治療するから任せて。とお二人は言ってくれている。

追記

二〇一一年東日本大震災の年の七月三日に美佐子さんはガンで亡くなった。

知らせを受けたのに遠方にいる私は出席できなかった。彼女の通っていた教会でのお葬儀は素敵な集まりだったと知らされた。自らの宿命をあのように受け入れ昇華して生きた彼女の知性、周りを楽しくしてしまう愛くるしい人。「あの星は美佐子さんだ」小さくてキラキラ輝く星を見つけると今でもそう思ってしまう。

「じゃあした〜」（山梨）

〔二〇一〇年（つうしんNo.47）〕

「じゃあした〜」女性市議の森岡さんと埴原先生以外は初対面の方達の前でオッチョコチョイの私は思わず叫んでしまった。初公演地、南アルプス市の第一回実行委員会での事でした。

すでに孫もいる六〇代後半ぐらいの大人が二〇人、もと女性校長だった方が何人もおられた、もと農協の課長さん、荒波の中で会社を興した方と、普通の主婦やおばあちゃんとは違う強者ぞろい、男性は三人、やはりもと校長先生と、この中では一番若手の四〇代の市議。話しを聞けば何と、殆どの方が現役の教師時代に新制作座の「泥かぶら」を招致したり、取り組んだりして観ておられたのだ。

「じゃあした〜」と言うのは、「泥かぶら」というあだ名で呼ばれ、皆から蔑まれていた主人公の孤児《みなしご》の少女が、初めて出来た友だちの身代わりになり都に売られて行く場面。涙で見送る村人たちに向かって「じゃあした〜」と底抜けの明るい声で去って行く幕切れのセリフ。

演劇など無縁の生活だった私が人生を投じようと入団した新制作座の名作であり、（真山美保作）子役で舞台に付いて廻っていた私の旅人生の始まりの作品だった。泥かぶらの様に、何年経っても心に息づいている映画や舞台がある。イタリア映画「道」のジェルソミナも中学生の頃観て悲しすぎてイヤだったはずが、年令を経るに従って大切な人物となり、心の中で分身の様に生き続けていてる。泥かぶらは初めて出会った人達の中で生きていた。

私達は見えない赤い糸で繋がっていたんだと喜び合った。西室さんは今は亡き新制作座当時の先輩の手紙を見せて下さった。相原先生はやはり今は亡き人も写る先輩達の写真を見せて下さった。先生のお

宅に民泊した時のスナップだった。いずれも半世紀近く昔の記録だ。

この実行委員会のきっかけとなったのは「親子で歌う童謡の会」を何十年も続けておられる七〇代の埴原先生。この会の長老？　の彼女はかって、中学校の音楽の教師。その学校では「子どもたちに科学と芸術を」「本物の、よい文化を」と新制作座を呼んだり、無着成恭さんのお話しを聞かせたりと豊かな実践が行われていた。その学校で育ち、今は結婚し中道町に住む主婦の桑原直美さんが私の二〇年来の友人で、「きっとあの町なら出来るわよ」とある夜、私を埴原先生の所に連れて行ってくれた。それがはじめの一歩だった。

超満員の当日、森岡さんは真っ赤な眼になって観客を送り出していた。

お別れの会で深沢敏弘先生が「情報の溢れる時代だが情報は文化ではないのだ……」と言われた言葉が胸に沁みた。人の心から心へ手渡してゆく人間の文化の火種は眼にはみえないし手でも触れないけれど、それを大切だと思う人々の手で温もりと共に受け継がれていっている、私は幸運にもその運命の赤い糸に出会った。

離れ難き、忘れ難き会は「コスモスの会」として残り誰かが何かを発信したいときに力を寄せ合う事になった。私は勿論、遠隔地会員である。お別れに又言ってしまった。

「じゃあした～」

案山子《かかし》がくれた軍服（長野）

〔二〇一〇年（つうしんNo.49）〕

二月二四日、諏訪湖から吹いてくる風はことのほか寒く、凍る様な強い風の中、私たち劇団員が到着する一時間も前に小池先生は会場に到着し駐車場などを見回っていた。会場入り口などの路面凍結状態を点検していたのだ。

男女共同参画の活動で全国を駆け巡っておられる先生が「この人に！」と声をかけて結成された観る会は熱い気持を持った七〇代の熟女四人と一人の男性。

小口さんは、お姑さんの介護と店番と婦人会長などの役職をきりもりしている。そんな人には見えない、物静かでかわいい気配り屋さん。ナイーヴで心配なくらい几帳面な兵藤さん。痩せた小柄な身体からとてつもない情熱をほとばしらせ、どんな時でも前向きでチケットを広げる為に歩きに歩いた丸山さん。そして小池先生が当初、実行委員長にと当てにしていたフリーの新聞記者、廣瀬さん。今年は七年に一度の諏訪湖御柱祭の年、彼はそ

廣瀬さんと

の役員で忙しかった。そして劇団の古くからの友人、南村さん。

年輪の数だけ、魅力に満ちた女性達を軸に、わずか六人の観る会の取り組みは五〇〇の劇場を溢れさせ、熱気のある分厚い反応は取り組みの苦労を喜びに変えて余りあるものだった。打算やコンピューターの計算では決して出て来ない答えだった。公演後に異色のフリーライター廣瀬さんの子どもの頃の事を知った。

廣瀬さんは自転車で魚の行商をしていた父と、機織りをしていた母と九人子供の十一人家族の中で育った。小学三年生から朝、夕の新聞配達をした。家の手伝いと新聞配達で忙しく宿題をやる時間がなかった。宿題をして来ない彼は毎日叱られていた。自転車があればもっと短時間で配達出来る。自転車が欲しい。特に担任の理科の先生が出す昆虫の観察や採集の宿題は彼には実行不可能な宿題だった。先生はたくさん採集してくる生徒には長靴、合羽、鉛筆の褒美を出した。朝夕の新聞配達をしている彼には、とても欲しいものだった。褒美は毎回、同じ一人の子に渡された。廣瀬少年はあるとき先生に言った「僕は一生懸命働いています。長靴や雨合羽が欲しい。なぜひとりの生徒にだけ何枚もやるのですか、僕にも下さい」即座にげんこつの閃光が走り傘掛けの釘に頭をぶつけられ血がにじみでた。以来その担任教師は彼の顔を見ると殴りつける様になった。先生に殴られるゲンコの痛みと共に社会の理不尽さが身に沁みた。

五年生のとき、お母さんが中古の自転車を買ってくれた。新聞配達のお金を貯金してくれていたのだった。廣瀬少年は「母ちゃん大好き！」と叫んでしまった。中古の自転車を買った帰り道、荷台にお母さんを乗せて走る廣瀬少年とお母さんの幸せな笑い声が聞こえてくるようだ。

全日制の高校に進学したかったけれど、父親は「どこにそんな金があると思うのか」と夜間の定時制しか認めてくれなかった。学校を出て理不尽さを許さない新聞記者になりたかった。何を言っても許してくれない父親に、内緒で全日制を受験し、合格してしまった。けれど、入学式が迫って来ても着ていく服がなかった。何とかしたいと悩む廣瀬少年の眼に飛び込んできたのは、配達の途中に見つけた将校の軍服を着た田んぼの案山子だ。「あれだっ！」田んぼの持ち主の庄屋さんを訪ね案山子の服を下さいと頼んだ。庄屋さんは驚いたけれど「いつも一生懸命やっているからあれで間に合うのなら」と案山子の軍服をくれた。その夜、お姉さんが徹夜で案山子の軍服を高校の制服に直してくれた。廣瀬少年は威風堂々と入学式に臨んだ。

今、新聞記者を定年退職し、廣瀬さんの朝は「おじいちゃん、新聞だよ」ヨチヨチ歩きのお孫さんが布団まで配達してくれる所から始まるという。そして相変わらず駆け巡る。公演当日も大成功を見届けて廣瀬さんは御柱祭の会議へと駆けて行った。

私たちの劇場を準備してくれる人たちの人生には心をゆさぶられるエピソードがきらめいている。そんな人たちの無償の行為で私たちの芝居は生かされている。限りない感謝と幸せを感ぜずにはいられない。

ミッキーと呼ばれた戦争孤児（神奈川）

〔二〇一三年八月一二日（つうしんNo.52）〕

駅ビルのエスカレーター正面のベンチに、両膝を揃え両手を膝に乗せ、真面目そうな、物静かな年配の男性が座っていた。誰かを待っている様子だった。暑い暑い七月の茅ヶ崎駅だった。

私はHさんとの約束の時間よりまだ早いけれど、そのベンチの横の指定された喫茶店に入り喉を潤していた。やおらHさんが現れたらその男性も入って来た。それが平山良吉さんとの出会いだった。

平山さんは戦後の上野駅の地下道で「浮浪児」として暮らしたことがある。自分の体験とも重なり「焼け跡から」の茅ヶ崎公演に加わって下さった。

平山さんは幼い頃母親と死別、父も四～五歳の頃蒸発。親戚の家に引き取られるが体中におできが出来、半年の入院となった。退院するとそのまま養護施設に送られた。八歳の

平山さん

ときの事である。昭和二〇年三月、学童疎開で栃木県の塩原へ、終戦と共に再び施設に入れられるが二ヵ月で脱走、上野の地下街での浮浪児暮らしとなる。一〇歳になっていた。

ある人から品川の米軍第八補給部隊のキャンプに行けば食料にありつけると聞き、行ってみた。自由に出入りしたが咎められなかった。

ある時、若い兵士に拾われた。兵隊達のあいだに挟まって寝た。ベットも宛てがわれ大人の軍服を小さくしてくれた。ミッキーと呼ばれる様になった。週に一度は上官が見回りにくるが、兵士達は十歳の平山少年を「我々のマスコットです」と云った。上官も容認してくれていた。兵士達が出かけるときはトラックやジープの横に乗って一緒に出かけた。キャンプには千人程の兵士がいるが二年で半数は入れ替わる、その都度平山少年は「申し送り事項」として新しい兵士達に引き継がれた。勿論中には「憎いジャップの子」として憎悪を示す兵士もいた。中学生になる一三歳の時、学校に行く様にと日本人牧師夫妻に預けられた。基地の中では入学手続きが出来ないからだ。今、平山さんは七八歳になる。セピア色になった明るく笑う兵士達との写真が大切に保管されている。

昨今、沖縄での米軍基地の兵士の許す事の出来ない事件が記憶に新しい。しかし孤児の平山少年を大切にしてくれた兵士達もかっていたのだ。

ミッキーと呼ばれた少年時代

国家間の利害の軋轢の底には、共に人としての同じ血が通い合っている庶民の姿がある事を思わずにはいられない。

「トンボに会えた？　玉井さん」（秋田）

（二〇一三年一月（つうしんNo.51））

キャリーバックを引きながら新宿の雑踏を茶髪のショートカットの若い女性が向かってくる。ひょろりとしていてポパイの恋人オリーブのようだ。ピアノの先生にはとても見えない。大学生になる息子もいる三人のお母さんにはとても見えない。高見さんとの出会いだった。平成二三年度国立女性会館の男女共同参画全フォーラムに「釈迦内柩唄」はワークショップとして参加した。彼女、高見さんはその時に私たちのことを知った。

地元、大曲町で上演したいと思っているらしいと、とある方からの話。ピアノの先生をしているとのこと。早速電話を入れた。電話の向こうの声は秋田弁でハイトーンの素っ頓狂なくらい楽しい声、ピアノの先生のイメージとは程遠い。

東京に住む大学生の息子さんに会うのとあわせ、今日会うことになったのだった。

「どうすれば公演できるの？」という問いに「この指とまれよ、貴女と思いを共有出来る人をつくること」と答えた。インターネットを通して　顔も声も分からないたくさんの友達がいるという、彼らにも呼びかけるという。ホームページもブログもフェイスブックも違いが分からない私には怖くなる世界の話。

そして初めて会う私をそのまんま信じてくれる、私は思わず「貴女初めての私をそんなにすぐ信じていいの？」「そんな調子でいままでだまされたりしたことないの？」聞いてしまった。

彼女が学童保育の仕事をしていた時の事。靴がなくなって困っていた子供がいた、ほかの子達に一緒に探そうと声をかけたが「私には関係ない」と帰っていく。なかなか見つからない靴、指導員の彼女は泣きたい気持ちになっていた、そのとき靴をなくした当人が「お母さんに又買ってもらうからいい」とケロリ云ったという。この子供たちの心のあり方に衝撃を受け、心を育てる文化の大切さを痛感したとのこと。

高見さんと仲間たち

初めて会った彼女だったが彼女と共に、人の心の溢れる劇場を創る為に戦おうと私は決めた。それから何度か大曲に通った、新宿発二三時三〇分の深夜バスに乗って朝六時過ぎに大曲に着く。まだ町が目覚めぬ寂しい駅に彼女は迎えにきてくれる。ソフトボールぐらいの大きなほかほかおにぎりを携えて、そしてあちこち協力を訴え夜の会議に参加して夜二二時三〇分の深夜バスで新宿に朝七時到着、ラッシュ前の電車で嵐山の事務所まで帰ってくる。高齢者の仲間入りした私にはややハードな日程だけれど新幹線は高過ぎた。

高見さんの呼びかけた仲間は優しい物静かな秋田美人たち。いっぺんに心が解ける人達だったがチケットを広げるパワーは危なっかしい感じ。それを本気で支えてくれたのが一〇年前に「釈迦内柩唄」を取り組んだ三人のお母さんトリオ。仕事をもつ彼女達は超多忙なのにこれでは大赤字になる、と受け取った二五〇枚のチケットを完売しようと密かに決意してくれていた。

農家の主婦の高見さんは朝が忙しいので、六時に私を迎えにきてくれるのは先輩お母さんになった。ほかほかおにぎりと卵焼きやさまざまなおかずの入ったバスケットと熱いお茶がその都度私を待っていた。アナログ世代のお母さんとデジタル世代の八人が創った劇場は溢れ、信じられない奇跡を生んだ。

今、私の鞄に刺し子の巾着袋が入っている。藍染のコスモス模様だ。アナログ世代？のリリコさんが密かに皆に作ってくれていたプレゼントだ。

あれから何年たっただろうか「玉井さん！　トンボに会えた？」は高見さんとの合言葉になり、いただくお便りの巻頭詞になっている。

劇場は大きな家族になった（埼玉）

（二〇一三年七月（つうしんNo.52））

六年前、都幾川《ときがわ》と玉川と美しい流れの川を持つ二つの村がひとつになって「ときがわ町」が生まれた。

その日、かわせみも飛来する緑深きこの町の小さな劇場「アスピアたまがわ」は昼も夜も満席だった。

プラカードを身体の前後にさげて駐車場の案内係をしているのは、主催メンバーの夫である男性達。そして町の教育委員長さん、保育園の園長先生でもあるお寺の和尚さん、音楽好きの議員さん、みなさん肩書きを脱ぎ捨てて汗だくで、お客さんを誘導している。

合併して六年、「二つの村の人たちが感動を共にして絆を深めホントに一つの町になったらいいな」そんな一人の主婦のつぶやきが、かわいらしい主婦の四人組誕生につながった。何の打算もない純粋な想いだけ。しかし観たこともない、多額のお金もかかる演劇の

第１回「焼け跡から」ときがわ町の４人組

公演の実現は常識をこえた無謀そのもの。

真っ先に相談に伺ったお寺の和尚さんは「四人は町の宝！」普通の主婦が始めたその一歩こそ尚、尊いと強力なバックアップと励ましを下さった。「ほんの少しの応援」と言っていた教育委員長さんは口とは裏腹に町の要所を押さえて、ポイントになる人たちに協力を取り付けるため町中を歩いて下さった。彼女達が歩く先々で「西澤さんから聞いたよ」と言われた。女性達の夫である男性達は女性の出来ないことをせっせと埋めて陰の大きな牽引力となっていた。

魅力的な女性達を陰で支える男性達の姿は新鮮で魅力的だった。

町の緑を心に映した様な澄んだ一滴の水

「釈迦内柩唄」呼びかけ人

音が美しい大きな波紋となって広がった。その日劇場は「同胞《はらから》」になっていた。山田洋次さんが四〇年も昔に作って下さった映画「同胞」がここに生きていた。

今、おじさんになった男性達はかつて青年団で活躍し町づくりに燃えていた。ミュージカルの公演の取り組みを経験していた。現在、東北支援にあの直後から駆けつけ今も通い続けている。公演のささやかな黒字が女性達から「素敵なおじさん」達に託された、東北で桜の木になるという。

会長からのたより

岡野佐知子

山あいの小さな田舎町。この町を築き上げてきた人情味あふれる高齢者の住むこの町。

隣の家の縁側で茶飲み話をすることが、めっきり少なくなってしまった今。

一世代下の私たちが「温故知新」の気持ちを大事にしながら何か活動をしなくてはいけないのではないのか……と。何年も前から考えていた。でも何からどうしたらよいのか。何をどうしたらよいのか全く解りませんでした。

そんな時、希望舞台のお芝居に触れることができました。お芝居なら高齢者の方々でも、山奥に住んでいる人たちでも、足を運んででも観に来てくれる文化ではないだろうか……。そう思い、劇団制作部の人に会う決心をしました。この見ず知らずの人にアドバイスをしていただき行動方法を教えてもらえばどうにかなるだろう。私の性格がむくむくと動き始めました。「為せば成る何事も」今しかないと決断したらすぐに行動に移すのが私流。

私の声掛けに賛同して下さり、すぐに背中を押して下さったご住職がいらっしゃいました。とっても励まされました。勇気をもらいました。

それからというものは夢中で動きました。働きかけました。協力者が一人、二人……どころではありませんでした。サポーター会と名を打って何度も意見交換ができました。皆が一つの疑問も持つことなく納得し、次の行動へと移ってくれました。「これなら町の人たちにも気持ちが通じる」とその時確かなものを感じました。チケットが売れることよりも、もっと、もっと大事な「絆」を感じました。私の理想とした人間と人間の輪が繋がり合い、希望舞台の方々のお芝居に対する情熱が融合した一大イベントは大成功に終わりました。何百人という大家族ができたような気さえします。「人間っていいな。生きるっていいな……」。一番訴えたかったコメント通りの人間模様でした。

先日、道ばたで会ったあるご老人がこんな事を言っておられました。

「あのお芝居を観られてよかった。ほんとうによかったよ。……ありがとう」

追記（玉井）

その後二〇一八年六月、再び「アスピアたまがわ」で、今度は「釈迦内柩唄」の上演となった。劇団の都合の勝手な日程設定にもかかわらず劇場は満席、やはり熱い拍手をいただいた。そして今私はこの町に住んでいる。コロナ禍の中、「玉井さん住むところ探しているんだって？　自分の持ち家で空いているから管理人代わりに住まないか？」という願ってもない夢のようなお誘い！　そして、ときがわ町の住人となりました。

先生はお寺の和尚さん（長野）

〔二〇一四年一月（つうしんNo.53）〕

「今日は町内のゴミ清掃の日なんです」くしゃくしゃのしわになった上下の作業着?姿で岩上先生は現れた。劇団代表由井さんの大学時代の後輩で同じ演劇部だった。お寺の住職さんだけれど小学校の先生もしておられる、「年取ってるけど新米和尚なんです。長いお経を覚えるのも大変」と赤くなってニッと笑って頭をなでた。照れたり可笑しかったりすると顔を真っ赤にして頭をなでながら大きな口で優しい目をして笑う。一生懸命な時は口をとんがらせて言葉をつまらせながら赤くなって汗をふきふき話す。「和尚さん」も「演劇」も似合わない小学校の先生がぴったりの岩上先生だ。お寺は二軒もあるのに一軒は檀家のいないお寺、もう一方のお寺は檀家が三〇家ほどしかないが地域の自治会の人たちが「廃寺にしないでほしい自分たちも管理するから」と嘆願されていた。奥様も役所で働らいていた。そして畑の世話もしている。

岩上先生と

お葬式はめったになく一年に一回あるかないかなのでたまにお葬式が出ると、「ひとつしかない衣がどっちの寺にあるのか探すのに往生するんです」「東京に息子がいるけれど寺の行事には帰って来ないけど近所の神社の祭りには飛んで帰ってくるのです」と、先生の一言一言が可笑しくて何処か悲しくて温かくて芝居のモデルにしたいと思った。その先生と何年振りかでお会いして又芝居の上演のお世話になった。教師は退職され和尚さん一本の生活になっていた。真っ先に聞いた「衣は？　息子さんは？」ご子息は僧侶になり仏教にのめり込み諸国修行でお寺に帰って来ない。衣は困らないだけ各種そろっている様子。檀家のいないお寺の方にも檀家さんが出来ていた。

でもご自身がC型肝炎の治療中だった。そんな方に無理はお願い出来ないのに結局先生が雑事を引き受けて下さることになってしまった。

公演直前の大切な会議の時「一年にあるかないかのお葬式が出てしまいました」と皆をなごませながら中座された。公演は大成功に終わった。打ち上げ会で赤い顔して優しい目で大きな口で笑っておられる先生の姿が高村光太郎の「牛」の詩と重なった「牛はノロノロと歩く、牛は野でも山でも川でも谷でもまっすぐに行く……」。

被災地で（岩手）

〔二〇一五年九月（つうしんNo.56）〕

土煙をあげてダンプカーが走る。まるでパレードのようだ。どのトラックも「復興」のゼッケンをつけている。

この数年さまざまな創造集団、アーティストが被災地を訪れているが希望舞台として被災地で公演をするのは初めてだった。瓦礫一つ撤去しに行くこともなく五年が過ぎている。

あの日以来この仕事の姿がいっそうハッキリ見えてきたと思う。けれど「一体、どんな顔して被災地に行くのか」と自問自答しながら少しおびえた気持ちで岩手県に向かった。「イヤー、カラ元気です。カラ元気でも元気出してると、いつか本当の元気になるのではないかと思ってるんです」とある町の町長さんが笑っておられた。様々な話が胸にしみる。〝そうか、構えることはない素の心で感じる、それでいいのだ〟と思った。

実行委員会に集まった方々

復興の補助金でコンサートも演劇も無料で提供されていてそれが当たり前になっていた。私たちのように入場料で経費を捻出しなければならない劇団は町村では特に難しい。そんな中でNHKの朝ドラでブレイクした「あまちゃん」の街、久慈市に入った。

市長さんからの紹介もあり保育園もある大きなお寺の稲田ご住職を訪ねた、久慈市版「良寛さん」のような方。「お寺の後継にならないように逃げていたんですが逃げ切れず住職になりました。良いお話なのですが、緑内障が進みつつあり、あまり動けないのです。私で役に立つのなら何でもします」と。

三月、第一回の実行委員会がお寺の広間で持たれた。集まった人は四〇人。事務局として会の雑務を一切引き受けてくれたのは議員歴三六年の演劇好きな共産党の市会議員。「あいつは共産党だけど一生懸命やるからよ」と商工会の方が机を並べながら話してくれた。無料公演になれているなかで三〇〇〇円ものチケットが一ヵ月も前に売り切れになった。「みんな苦しい、無理だ」などと一度も口にしなかった。会議の後で持ち寄りの飲み会が何度かあった。城内事務局長はいつも奥さん手製の飛び切り美味しい漬物を持ってくる。彼の朝の食卓には奥様が作る一五品のおかずが並んでるとの事。お酒は良くないはずの稲田住職さん、奥様が台所に立った隙に晩酌のコップにお酒を注ぎ足すのだけど、何故かいつもばれてしまうというお酒好き。愛妻あってのお酒大好きの城内さん。誰かが長すぎるスピーチをすると懐からイエローカードを出す愉快な長泉寺さん。みなの幸せな笑顔満載の打ち上げ会だった。

開演前に俳優たちに言った。「お客さんの反応を身体中をセンサーにして感じよう、それを通して被災地の人たちの心に出会おう。構えることはいらない」

知らないうちに「どんな顔して……」と緊張していたはずの私が消えていた。

川本君（三重）

〔二〇一四年〕

「川本君」そう呼んだ瞬間「アッまた言ってしまった！」と思う。三〇も半ばを過ぎた男性に「君」とは、甚だ失礼だと思うのだ。彼と出合ったのは二〇年近く昔、伊勢市の隣、旧小俣町公演のときだった。当時高校の教師をしていた前嶋先生（現、慶蔵院住職）が少年の面影の残る彼を卒業した教え子だと実行委員会で紹介したのだった。だからいつまでたっても君づけでよんでしまう。以来、川本さんは私たちが三重県内で公演するときは本番を観る事が出来ようが出来まいが劇団の県内公演には必ず軍手姿で現れる。そしてひたすら一生懸命働いて「お疲れさま！」と言って去っていく。ある早朝、舞台道具の搬入の日、ホールの搬入口に着くと、そこには軍手姿の川本さんが待っていた。又ある時、舞台が終わり休む間もなく汗だくになって道具の積み込み作業をしていたらそこに白馬の騎士ならぬ白い軍手姿の彼が仕事を終えて駆けつけてくれた。不思議な青年だった。彼は自分

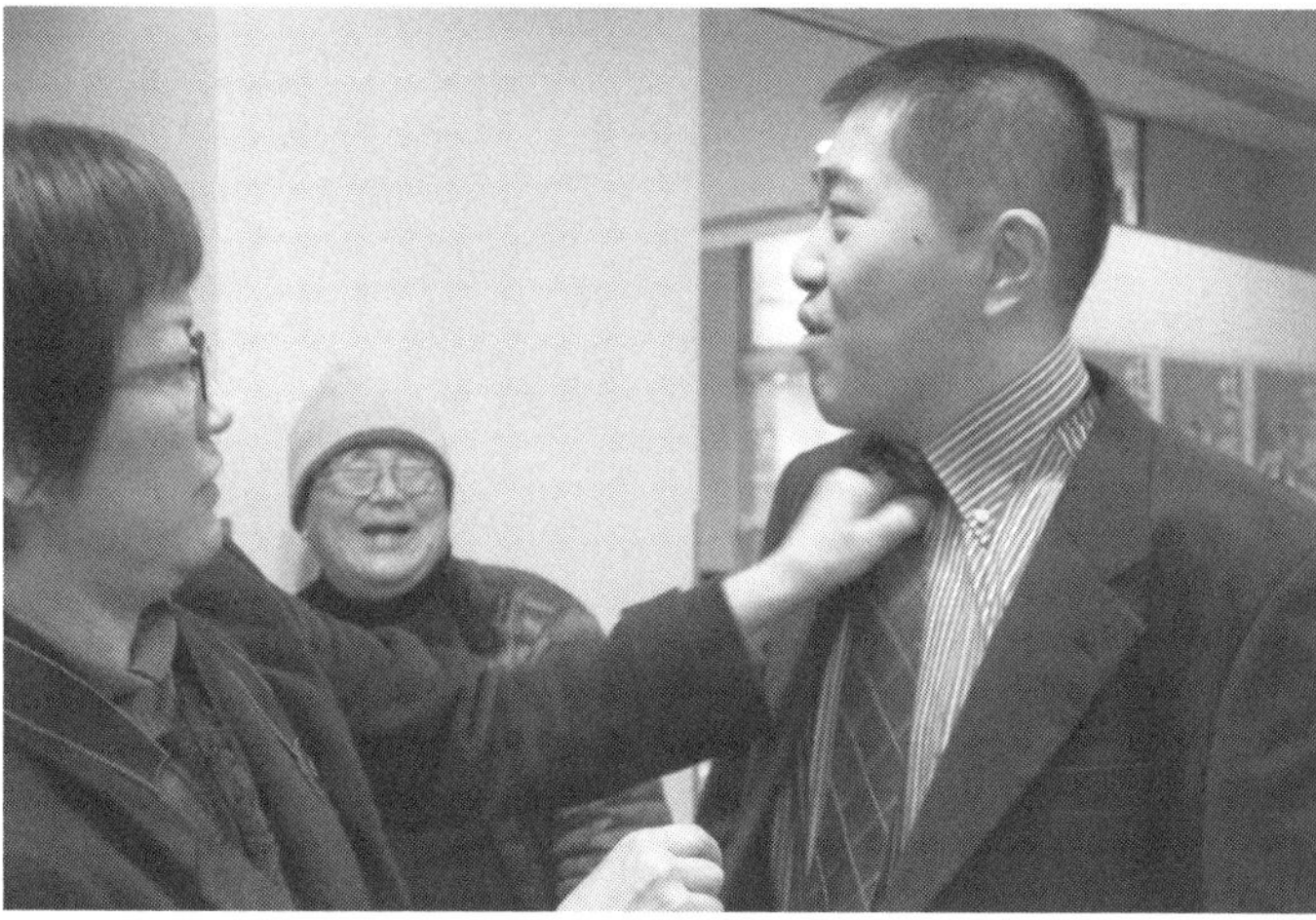

あいさつのためネクタイチェック　川本君

の思いを他人に伝える事が苦手、文章にする事はもっと苦手と自認している。たしかに「俺が、俺が」の時代を要領よく生きていくタイプとはほど遠い。その彼の胸中に小俣町公演以来渦巻いているある思いがあった。「いつか自分が主催者として希望舞台を呼びたい、あの感動の劇場を創りたい」と。口下手な彼は訳を聞かなくても自分の頼みを聞いてくれる人を作ろうと密かに決意、一五年の歳月が流れた。

「焼け跡から」の福井県永平寺町での公演や東京の稽古場へ恩師、前島先生を拉致するが如く車に乗せて下見に誘い、「僕はやりたい」と宣言した。

昨年の暮れ、ことさら寒い夜、取り組み

恩師と川本君応援団の皆さん

の為の第一回の相談会が持たれた。劇団の埼玉事務所からいくつかの路線を乗り換えて伊勢駅に着いた。会社から真っ直ぐに駅に迎えに来てくれた川本君「何人来てくれるか分からんから大きい部屋を押さえた」と言う。私はこころでつぶやいた。こんな寒い夜、暮れも迫った日に一〇人来てくれたら恩の字、二〜三人で広い会議室で寒々しいかもしれない……。誰もいない寒い会議室で川本君と二人机を並べポスターを貼り資料を揃え、ささやかなお菓子を用意していた。

そうしていると何と二〇人近い人が集まった。しかも川本君とは親子ほどの年齢差のある人、五〇代から七〇代の人達がズラッと集まった。川本君より若いと思われる人は一〜二人しかいない。どの人もどの人も「川本君の言う事だったらイヤとは言えない」という。劇団の事も作品の事も知らない、分別のある良い大人達が「川本君が願うのなら」と百数十万かかる取り組みをやろうと言う。打算を超えて世代を超えて一人の夢がみんなの夢になっていった。心揺さぶられる目に見えない緞帳は上がった！

当日、大入り満杯の開演前、川本君は実行委員長とし観客に挨拶をすることになっていた。母親のように川本君のネクタイを直す金森さん。恩師の前嶋先生はソワソワとしている、ひときわ人前で話すことの苦手な彼がこれだけ大勢の人の前でしかもステージの上で……。一緒に出て行った方が良いか、舞台の袖で何かあったら飛び出して行くか先生は逡巡していた。でも途中で話せなくなったとしても川本君の一五年の思いはきっと観客には伝わると思った。しかし一応客席の舞台に近い扉で私もスタンバイしていた。川本君は落ち着いた足取りでマイクの前に立った、キオツケの姿勢でしっかりしたまっすぐな大きな声が客席の後ろまで届いた。一五年の思いと感謝を告げる彼の姿はそれだけで観客の胸を打った。幕の裏では俳優たちが、舞台袖では前嶋先生が、ロビーでは実行委員が開演前から泣いていた。

ライトを浴びた川本君は光の中で大きかった。

〝赤字〞の幸せ（長野）

（二〇一六年一月（つうしんNo.57））


「黒い瞳が深々と静かに優しさを湛えていた」二木利恵子さんの第一印象だった。

その頃私は「釈迦内柩唄」の長野県下公演の為、一年ほど滞在できる飛び切りやすい駐車場のあるアパートを探していた。知り合ったばかりの彼女から知り合いの所に条件に合う部屋があると知らせを受けた。そして入居の日、「家にあった要らないものを入れておいたから」と電話をもらった。ドアを開けて驚いた、洗濯機、冷蔵庫、食器　あらゆる生活必需品、机の上にはお茶セット。言葉がなかった。

荷物を運んでいたら隣のおばあさんが垣根越しに声をかけてきた「どんな人が来るのかと思っていたよ。このあいだ女の人が来てこの部屋の畳を上げて干してたんだよ、親子でも親戚でもないいんだって言うじゃない。私のとこにもあんな人来て欲しいよ」。おばあさんが教えてくれなかったら私は畳のことを知らないままでいた。又々言葉を失った。以来

二木さんと塩尻の仲間

なんだかんだと気遣ってくれている。

そして六年後「焼け跡から」の塩尻公演の実行委員長として彼女と共に劇場を創ることになった。一年前から最良の日と信じ、一〇月二五日と決めた。仲間を募ったからとの連絡で駆けつけた。おだやかで知的で優しい、しかも行動的な女性達十五人ほど（男性は二人、やはり穏やかな人）が集まっていた。こんな人たちが創る劇場はどんなになるのか楽しみだった。しかし動き始めて分かった。一年の中で最も市民が出やすい日は各町内会での運動会や文化行事が目白押しの日でもあることが。ベストを尽くしたが目標に少し欠けた。カーテンコールの拍手は胸にしみる優しさに満ち、止む事なく続いていた。客席の一番後ろで立っていた私と二木さんは自然と顔を見合わせうなづきあった。

終演後、赤字のはずなのに満額のお金を手渡された。決算が出てからという私に「大丈夫！」という。後日決算の結果と対策の報告を受けた。やはり赤字だった。「当面使うあてのないお金があるから使って」と事務局長の猿田さんが不足分を持ってきたとのこと。みんなで話し合ったそうだ。「やってよかった。買ってくれた人たちから感謝された。悔しいけど日程の良さに負けてしまった。みんなでまた良いものを企画して楽しく取り組もう。それまで猿田さんに立て替えてもらおう。じゃ何を企画する？　日程は？」と話の弾んだ会議だったと。彼女の明るい声が続く。「企画第一号に『松本ヒロ』さんを考えているの！」。私たちは赤字を個人や協力団体などに穴埋めしてもらうことはしない。

悩む私に彼女たちのあの優しい笑顔と笑い声が聞こえる気がした。「玉井さん悩まないで、私たちは楽しんでやるんだから！」満額以上のものを受け取った幸せが心に広がった。

地獄と仲良しになった日（北海道）

（二〇一七年一月〈つうしん№58〉）

それは三〇年ひと昔のこと。希望舞台初めての深川公演。劇場の熱気がそのままロビーに溢れ、高揚したなかで観客の送り出しが続いていた。突然「玉井さん、僕だよ、殿平だよ」と声をかけられて。そのめずらしい苗字は一九六六年の京都、希望舞台の前身である統一劇場旗揚げ公演のときに力になってくれた、やさしい大学生のお兄さんの名前だった。「何で？　京都の人が？」「僕は深川の寺の息子なんだよ」。三〇年振りの再会が始まった。あの時、殿平さんは期末テストの直前にもかかわらず、バイクであちこち一緒に廻ってくれた、おかげで公演は大成功、しかし彼は単位を落とし留年となった。私がそれを知ったのは再会以降のことである。

彼は住職となり自坊近くの人造湖、「シュマリナイ湖」に眠る朝鮮人労働者の遺骨発掘をしていた。戦時下、強制連行され苛酷な労働の中で命を落とし弔いもされず放置されたままの人の遺骨を掘り起こし、身元の手がかりを捜し、祖国に届ける活動をしていた、その報告集会に何度か出席した。彼のスピーチはいつも、一人の僧侶として、人間として、名も分からぬ遺骨のその人への慈愛を感じさせてくれた。国家間がどうであれ、半世紀に亘る彼の活動の原点は、その心根にあることが胸に沁みた。それから十五年、再び北海道へ。殿平さんとの十五年振りの再々会。

私は「殿平さん、今年が私の北海道の最後の仕事になると思う」と、言ったばかりに、多忙な彼がベストを尽くそうと動き出してくれた。そして、殿平さんとの因縁もあり、曹洞宗の宗務所長で、又、多忙な大玄寺の横山御住職が代表となり深川公演が動き出した。海外行きで一ヵ月留守になる殿平さんは、出発前にチケット配りを終えねばならない。私も一緒に歩いた。「京都以来五〇年振りの券売りね」と笑い合った。車窓の沿道に群れ咲く紫の花がゆれていた。一五年前、殿平さんに会う為、彼が法座するというお寺を訪ねた。ついでに法座も聞こうと末席についた。妙好人「おかるさん」の話だった。ゲラゲラ笑いながら聞いていた、しかし最後に声をおさえるのに困る程、泣いた。そして救われた様な安堵感があった。おかるさんという男まさりの女性が抱えた七転八倒の人生の地獄、その地獄の中に仏の光を見たおかるさん。殿平さんの待つ控室にむかう間も、控室についてもこみ上げてくる涙もおさえられなかった。彼は言った。「玉井さんの地獄は劇団なんだね」その一言がストンと胸に落ちた。そしてつきものが落ちたように楽になった。その頃私は一人北海道にいて、公演の見通しもなく活動費も底をついていた。胸の内は悲愴感ではち切れそうだった。以来私は、地獄と仲良しになった。深川の千秋楽は、あの時の様に熱気に満ちた送り出しになった。会長の大玄寺さん、殿平さんの笑顔がうれしかった。

衣を脱いだらどこから見ても（北海道）

〔二〇一七年〕

「北海道に行く」となるとまず伊達市の大雄寺の奥村ご住職に連絡をします。〇〇頃から道内公演を計画したいのですが又、相談にのっていただきたいのです、いつも突然の電話にもかかわらず「そうだね、その頃なら大丈夫かな」と言って知恵をかしてくださる。そしてお寺での上演だけでなく、他の町につないで下さる、私の絶望を何回希望に変えて下さったか分からない。そして全員お寺に泊めていただく。奥村ご住職も奥様も歌が上手くて格好いい！　伊達家由来の宝物殿があり大型観光バスが何台も入ってくる大きな多忙なお寺なのにいつも温かなおもてなしを受ける。禅寺というとお作法が！　とやや緊張するが奥村さんご夫妻はいつもありのままの姿を受け入れてくださるので俳優、スタッフみな羽を伸ばしてしまう。私はハラハラしながらみんなの楽しそうな様子を見ている。

道内公演が一通り終わったある夕暮れ奥村ご住職から電話が入った、公演を取り組んだ

大雄寺　お別れのパフォーマンス　いただいたセンスとＴシャツで

仲間と今ススキノにいる、良かったら来ないかと。ススキノは事務所からは三〇分以内で行ける場所だが通過することはあってもお店などにまず行くことはない。興味半分で飛んで行った。どこから見ても粋でダンディなお兄さん（？）達。だれもお坊さんには見えない。お経で毎朝発声練習してるから艶のある伸び伸びした声はプロ顔負けである。カラオケのマイクを離さない。
　そんなお仲間の一人、室蘭の安楽寺ご住職、軽部さんはお寺の役員さん達と寺院内実行委員会を作りひと公演成功させてしまう男っ気のあるお坊さん。札幌の薬王寺住職、田中清元さんとどこか似ている。みんな親しみこめて「せいげんさん」と呼

衣をぬげばモダンボーイ　すすきので

ぶ。私もいつの間にか清元さんと呼ぶようになってしまった。清元さんは曹洞宗の布教師でもあり宗派では全国区で知られているが、ススキノ界隈の強面の人たちからも一目置かれている。拓殖大学当時、合気道の「猛者《もさ》」で名を馳せていたらしい、当時の袴姿の写真をみるとなるほど！　と納得出来る。ある時軽部さんはススキノで強面のお兄さんたちに清元さんに間違われご馳走になっていた。軽部さんは最初は適当にいなしていたがだんだん怖くなりトイレから清元さんに電話し相談した、清元さんは「最後までそのままで通せ！」と言った。軽部さんは肝に汗をかきながら最後まで清元さんを演じ通したという。清元さんの

「お前やってやれ！」の一声で劇団を呼ぶことになったお寺はあちこちにある。

ススキノを歩く姿はフランクシナトラかフレッドアステア！　またはサッチモ！　なんとも楽しいススキノの宵でした。

石巻の芝居小屋（宮城）

〔二〇一八年〕

二〇一七年一一月、市内を一望する洞源院さんの山門からキラキラ光る海が見えていた。新しい墓石が胸に刺さる。幼い年齢と三・一一の日付が記されていた。ご住職の小野崎さんは指を差しながらあの日のことを私たちに説明して下さった。押し寄せる黒い津波が街を噛み潰してゆく音。匂い……。その日からお寺は難を逃れた三〇〇人の避難所となった。その時のことを小野崎さんの奥さん美紀さんは「あったかい手」と題して一冊の本にした。

石巻は劇団代表由井さんの奥さんの実家がある。劇団の公演にも足を運んでくださっていた。連絡が取れないまま数日が過ぎていた。諦めずに電話をかけ続ける代表の姿の前で口には出せなかったが、家は港の近くだと聞いていたので私たちはもうダメなのではと心の中で思っていた。幸い家屋はすべて流されたがご家族みんな無事だった。そんなこともあったのでこの町で上演したいと思っていた。しかし市民会館もすべてなくなりあの町では無理でしょうと他の町から聞かされていた。三五〇〇人余の犠牲者が出ていた。六年たっても赤く剥ぎ取られた山肌、やっと整地だけされた草しげる空き地が当たり前のように広がっていた。この町の人たちの心と出会いたいという思いは消せなかった。

公演会場になった渡波体育館
つなみの到達ライン
ギャラリで多くの生命を救ってくれた

街の復興は明日を創る子供の教育環境の整備からと保育所作りに心血を注いでおられる小野崎住職にお会いする機会を得た。「苦難の時ほど文化と教育が大切」と、公演実現に向けて仲間のお寺さんたちに声をかけて下さった。港の近くの渡波小学校の体育館の壁には津波の跡がくっきりと残っていた、何人もの生命を救った体育館だった。校長先生のご好意で体育館がホールとなった。「焼け跡から」の舞台にはアコーデオンの奏者を公演地で探し出演してもらっている。石巻では小野寺さんの奥さん美紀さんにお願いした。ピアノが弾けるなら「ジングルベル」を少し引くだけだから大丈夫ですよ。と頼んだら美紀さんはその日から毎日、先生を呼んで特訓を受けていた。陽気で明るく飛び込みの良い彼女だから大丈夫、と思っていた。私の雑駁さが彼女を苦しめていたなんて露ほども思わなかった。天性の陽気さと明るさかと思っていたらご住職曰く、「彼女は震災後、人がガラッと変わったんです」。

二日間かけて準備された体育館劇場は入り口の消毒スプレーから膝掛け毛布、遮光幕、何から何まで心憎いばかりの配慮に満ちた劇場が各寺院と葬儀社の方々四〇名ほどのスタッフで作られた。大きな困難を共にした人たちだからこそのチームワークかもしれないと思った。その輪の真ん中に事務局長として立ち働いた法山寺の副住職北村暁秀さんの頼もしい笑顔があった。

置賜《おいたま》はひとつです（山形）

（二〇一七年八月（つうしんNo.59））

「オーイ、吉田！　お前の母さん何かやってたなあ～！」その一言が運命の扉を開けてくれた。

鈴木所長の声に衝立の向うにいた「吉田」と言われた青年が顔を出した。「ハイ、生協とか子供劇場とかやってました……」まあるい眼玉のその青年が言った。「是非お会いしたい、差し支えなければ今お訪ねしたい！」と私。雪のちらつく十二月初冬の南陽市、曹洞宗山形県第二宗務所での事。劇団が予定している六月は例年と違い特に行事が集中している、実行母体ができたら応援はするが中心にはなれない、誰かいないか、と役員の方々が頭を悩ませている時の事だった。

吉田青年の橋渡しで即、彼のお母さん、吉田美枝さんを訪ねた。やはりまあるい眼玉の美枝さんは親しみやすい笑顔と明るい声で迎えてくれた。目から光が溢れ出ている人だっ

井上ひさしさんの故郷で……８人のスクラム

た。一瞬で「この人と一緒に取り組みたい！」と思った。

しかし彼女は一昨年、二期八年続いた市会議員を、ご両親の介護の為に退いていた。「うわー！　どうしよう！　心がワクワクしてきちゃう！　子ども劇場の頃のあのワクワク感が！　どうしょう！」と。

彼女はお寺の一人娘だった。二二年前ご主人を突然亡くされ、三人のお子さんを育て上げた。

住職の仕事は現在は要介護のお父様が続けておられた。そして今、「オーイ、吉田！」と呼ばれた末っ子のご子息がお寺を継いる。そんな彼女を信頼する、力に満ちた強力な八人の事務局が結成された。会場は井上ひさしの故郷であり、こまつ座の常打ち小屋と言える川西町のフレンドリープラザになった、客席七〇〇人。そして二〇人を超える二市五町にまたがるダイナミックな実行委員会が結成された。顔を知らない同士が町を越えて繋がっていった。

だが四月下旬、昨日まで元気だったお父様が亡くなった。取り組みに本腰を入れようとした矢先だった。お寺の葬儀の関係で公演がお葬儀日程の真ん中になってしまった。すべてに全力投入する彼女の眠れぬ夜が続いたが私は何も手助けできなかった。申し訳なくて祈るだけだった。

公演二週間前、何とチケットが七〇〇枚近くまでになっていた。その時彼女に聞かれた、隣の米沢はどうなのかと、米沢市は昼夜二回の一〇〇〇人の目標がまだ二〇〇を越えたばかりだった。ウソも言えず小さな声で答えた。座の空気が一瞬止まった。彼女が言った。「みなさん、今後は米沢のチケットを売りましょう、置賜郡は一つです。同じ苦労をしている仲間です。がんばりましょう！」

私は胸が詰まって何も言えなかった。実は米沢の取り組みで私も眠れぬ毎日を過ごしていた。

数日後「玉井さん、米沢のチケット六〇枚」と注文を受けた。最終的には一五〇人程までになった。こんな実行委員会は初めてだ。自分のところの公演目標が達成したらホッとして、多少の応援は出来ても本気で隣町の為に動くなんて出来るものではない。感動を越えて言葉を失った。

公演の当日フレンドリーホールのロビー、「最後尾」のプラカードが開場を待つ人々の群れの中で揺れていた。劇場の中で観客に挨拶する美枝さんの声が震え響いていた。たったひとりの人間の、熱い思いが友を呼び大きなうねりとなって満席の劇場を創った。生の芸術の感動が、人間にとってどんなに大きな力になるか、彼女は肌身で知っている人だった。

ありがとう！　吉田さん。

池田さんのバイオリン（山形）

（二〇一八年一月（つうしんNo.60））


前日の登米市公演の充実感が心地よい疲れになっていた。

走行距離二〇万キロの我が愛車が発する軽トラのような爆音も振動も幸せに満ちた帰り道だった。

蔵王に近づいた頃携帯が鳴った。「玉井さん今何処？　以前話したことのある紹介したいバイオリンニスト、池田敏美さんの『分水嶺コンサート』が一時半から最上町であるんだけど？」先日川西町フレンドリープラザの公演を大成功させ、山形県内公演に心を砕いてくれている南陽市の吉田さんだった。

上手く行けば間に合う！　必要なステージ数を確保するのにいつも追われている私は、公演の糸口を探すため急遽進路変更、最上町へと向かう。

すでに演奏は始まっていた。六月というのに風が強く寒い日だった。

池田さんと

クラッシックのコンサート会場にしては、出入り口はガラス戸一枚、開けるたびにガラガラと音は出るし強い風は入ってくるし、床はデコボコ、背もたれのない長椅子。クラッシックの演奏者なら決して選ばない会場に先ずびっくり。お目当ての池田敏美さんはどの人だろう、まさか終わってはいないだろうと思っていたら司会している女性がその人だった。

彼女の演奏が始まった。劇場の空気が一変した。ショートカットにメガネ、スリムなドレスのその演奏の姿は、私のイメージしていた女性のクラッシック演奏者と違った。観客も「クラッシック音楽の愛好者」という集まりとは違った。何処かの福祉施設のお年寄り達がいた。坊主頭の男性のシルエットが音楽に合わせて揺れていた。最前列にいた車椅子のおばあさんが介添えの人と一緒に、ガタゴトと通路をかき分けお手洗いに向かった。シルエットの男性は横を通られても無心に身体を揺らしていた。遅れて入った私は一番後ろの入り口の前に辛うじて席を見つけた。

そのうちナント私の席の前の人？　強烈な臭いのオナラ？　なかなか消えてくれない異臭にハンカチで防御せざるを得なかった。それほど広くない会場、かなりの人にその臭いは届いているはず、演奏者の池田さんにも届いているのではなかろうか。ハンカチを出す人は誰もいない、私だけだった。池田さんは優しい微笑みで、ただヴァイオリンの創り出す世界に人々を誘っていた。お世辞にも良いとは言えないホールが、犯し難い光に満ちた人々の心のシェルターになっていた。

私は心を揺さぶられた。どうしてこの山間の町にこんな素晴らしい芸術家がいるのだろうか。この町の人たちはなんて幸せなんだろう。どういう町なのだろうこの町は。そして、彼女に繋がる優しい人たちと出合った。私の心の緞帳は上がっていた。

一一月一四日この町での公演が実現した。彼女は新星日本フィルの創立に参加した人だった。スポンサーに頼らず公演に必要なことは、すべて演奏者自らが行うことを目指した日本最初の交響楽団だった。奇跡の楽団と呼ばれていた。ご主人は同じヴァイオリニストで団長だった。しかし交通事故で三六歳の若さで幼子二人を残して亡くなった。彼女はヴァイオリンを捨てなかった。時には仲間のコントラバス奏者のケースをゆりかご代わりにした。長じてカウンターテナーの歌手となられたご長男を一昨年突然の病で亡くされた。

彼女の右手は同士だったご主人とご長男の、そして左手はその時集まった人々の想いを受信し音に昇華してくれるかけがえのない宝の手。

最上町はきっともう雪の中。彼女は青い車に乗ってコンサートのチラシを少しでも安く印刷出来るところに出かけ、各地のチケットの売れ行きに心を痛め、「どうしよう！」と言いながら食事も忘れて今日も練習しているのだろうか。

畑が増えた（埼玉）

（二〇一一年）

東日本大震災の二ヵ月後、公演準備が進んでいた各地では会場が使用不能になったり、余震への恐れもあるから上演を中止してほしいと会館からの申し出があったり等、上演予定地ではそれぞれ真剣な検討が進んでいました。

吉見町では地元の絆を広げ、東北支援の力にしようと予定通り上演に踏み切りました。実行委員会は二〇人、発起人の小川先生ご夫妻への信頼だけで集まった方達、退職しても皆それぞれのインテリジェンスを生かした社会活動をしている大人の方々でした。小川先生ご夫妻は共に教師をしておられたが、退職後は教育相談や様々なボランテア活動そして大好きな演劇鑑賞など、現職の時より多忙な毎日です。私の住まいでもあった埼玉事務所から車で四〇分程だったので以来何かにつけてお邪魔しその都度、奥様のかず江先生の手料理をおなかがはち切れんばかりにいただき、帰りはパックに入れてあらいざらい持ち帰

小川先生ご夫妻と仲間のみなさん

育ちすぎた大根

える、まるで子供が実家に帰った時のようにしていただいています。

もともと農家だったので広い庭には季節の花々や樹木、そして畑。食卓はいつも採りたての野菜！　私たちが帰る時は車にいっぱいの季節の野菜をいただきます。俳優達は稽古の帰りには背中のリュックに大根や白菜、ネギを背負って帰ります。夜の電車の中で匂いがしても恥ずかしいより有り難さが勝っています。軽トラックをお借りしたり劇団のトラックの置き場にもさせていただいたり、その度に劇団員達が産直のご馳走になっています。新作の稽古の初日二〇人分のおにぎり、おいなりさんを持たせてくださったことがありました。そして遂に、私たちの為に畑を増やしてしまいました。草抜きぐらいしなければ、と思うのですが、いただくばかりです。

貧乏なはずなのに豊かな劇団です。

変わらぬ札幌事務所（北海道）

〔二〇一七年（つうしんNo.58）〕

札幌事務所は昔と同じ家、塩野範子さんの別宅。地下鉄駅のホームから徒歩三分、街中なのに静寂な駐車場付きの一軒家。家財道具布団すべて完備。実はここは彼女が御両親と暮らしていた実家。御両親がなくなり空き家になっているが思い出のいっぱい詰まった家は人に貸すのも解体するのも辛くてすべてそのままにしていた。「家でよければおいでよ。なんもいいから」と。素直にその気になって住み着いた。塩野さんは二〇年前の札幌公演実行委員。美味しいお料理を作って持って来てくれていた。一七歳の一人娘マヨちゃんもキャッキャと笑いながら顔を見せていた。

久々の彼女は相変わらずやせっぽっちで明るくて気が良くて少しも変わってない。でもこの間ご主人を亡くし、本人も手術のメスをあちこち受けていた。

ご主人がお元気だった頃私が帰ってくるとご主人が一階の倉庫を何やらトンテンされて

いた。翌日驚いた。私のポンコツ車のために倉庫を壊して駐車場に作り変えてくれていた！「今の時代にこんな大家さん見たことない」とあるお寺の和尚さんに話していたら「塩野さんはうちのお寺の檀家さんですよ」と。あの時のご主人の作業着姿が忘れられない。恋人時代のデイトは何故かいつも寅さんの映画だったと彼女は笑っていた。マヨちゃんが生まれ、初の家族旅行も浅草の寅さん界隈だったと。

「一五年経てば人間だって変わって当たりまえ、でも劇団は少しも変わってない！　うれしかった、それって凄い事だと思う！」と札幌公演を観て言ってくれた。

一人娘のマヨちゃんは一四歳の息子のママになっていた！

札幌・時計台ホールで
真代ちゃんのソプラノコンサート
塩野さん家族

日美ちゃんと娘・萌恵さん（東京）

〔一九九〇年〕

希望舞台の創世記に渡井日美子（現、廣瀬日美子）と言う若い女性劇団員がいました。いつも明るくケラケラ笑っている娘でした。私とは親子に近いくらい年が離れていましたが、シンがしっかりしているのでとても頼りにしていました。力の加減がわからない私を「玉井さん車のドア閉めるときまでそんなに力を入れたら疲れるの当然だわ、」と言ったりしてカバーしてくれていました。その彼女が公演の取り組みで恋をしました。反対できないほど良い青年でした。結婚を祝う仲間の会でメッセージを送りました。寿退団し共働きで二人の子供を育てました。東京公演の時は手伝いに駆けつけてくれていました。長女が社会人になりました。その娘が社会人になる前に一週間、留学生として劇団の旅公演につきました。

「結婚を祝う会」でのメッセージ

瞳のつぶらな娘がいた。小さい頃お母さんが亡くなって、歌の好きなベレー帽の似合う父さんが散髪屋さんをしながら育てた。陽気な父さんの愛情をいっぱい受けて娘はのびのび育った。名前は日美子、名前に恥じず日美子がいるとまわりはパーッと明るい陽ざしが射しているように楽しくなった。おしゃべりはヒバリのさえずりのようでその楽しい声はどんなに遠くからでも聞こえた。男の子たちは楽しそうに彼女に従った。

子供の頃父さんがお風呂で歌って聞かせた古い歌から今流行りの歌まで、歌は何でも知っていた。剣道もやった、武具に身を包んだ日美子を男の子たちは「その格好が一番似合う、足も見えないし、いつもそれを着てろよ」などと言った。

ある日、日美子の町に劇団がやってきた。日美子はすっかり魅せられてしまった。考えた末に兄さんや姉さんに、そして父さんに相談した。みんな反対した。

父さんは二度とその話は聞きたくないと言った

日美子はすっかり無口になって暗く沈んでいった。そして一年が経った。

父さんは明るい日美子に戻ってほしくて仕方なく劇団に行くことを認めてくれた。東京に発つ朝、父さんは別れに散髪をしてやると言った。

父さんは黙って散髪した。歌も歌わなかった。日美子は何も言えなかった。父さんは丁寧に顔を剃ってくれた。眼を閉じて顔を剃ってもらう日美子の頬に次から次と涙が流れた。日美子は東京に向かった。そして五年、日美子は劇団の仲間と共に青春を燃やした。心から笑った、怒った、泣いた。日美子の夢は日本の現実の軋みとのたたかいのなかにあった。人々のなかで心をいっぱい動かした。

そんなある時　一人の青年に出会った。彼もまた青年らしい夢を追いかけていた。日美子は劇団を辞めた。花嫁衣装は日本中の人々と共に生きた青春の輝き。日美ちゃん花嫁衣装大切にね。

〔二〇一五年〕

日美ちゃんからの便り

「わー！　久しぶり！」

「焼け跡から」一一月東京・中野公演に三〇年前に苦楽を共にした劇団仲間が集ま

りました。山形で議員をしている「またさん」は、相変わらず人柄の良さが滲み出ていて、まわりをほっとさせるし、福井の三児の母「かなちゃん」はかわいらしい雰囲気そのまま。所沢の二児の母、「鷲見さん」は相変わらず奇麗でしっかり者、私はというと、楽屋に行くにも迷子になって、「みんな変わらないね」と笑い合いました。由井さん、玉井さん、ゆかりちゃんはじめ、劇団の懐かしい顔にも再開し、二五年という時をいっきにタイムスリップしたような感覚になりました。

一軒家の共同生活で、まるで大家族のように過ごした日々が思い出されます。貧しくて何もなかったけれど豊かでした。

日本各地の美しい風景と共に浮かぶのは、各地で出会った青年団や実行委員会の人たちの懐かしい笑顔です。突然やってきた無名の劇団の公演を成功させるために、日々奮闘してくれた心優しいみなさん。そしてその思いの一つひとつが詰まった劇場の笑い声と一体感。二五年たった今も色あせず私のなかで生きています。

私は、今、若者就労支援のＮＰＯで働いています。

自分に自信が持てず、人とも、社会とも孤立して、生きていく意味さえ見失ってしまう若者達。そんな若者たちに寄り添いながら、社会に繋いでいく仕事です。違っているようで、希望舞台の仕事と根っこは同じだなと思います。

人にとって大切なものはなんなのか？　自分に問い、世の中に問いながら、不器用に挑み続けているからです。「人はもっと優しいいし、社会はもっとおもしろい」私がそう思えるのは、劇団に居たころ、全国でたくさんの優しい人たちに出会ったからかもしれません。善と悪を混在しているのが人間というものだけれど、時に純粋に人のために動き、涙するのも人間だし、希望はそこにあると思えます。そしてその想いは、きっと劇団で共に過ごしたみんなも同じだと思います。日本各地にそんな仲間がいることが、希望をつないでくれます。今の時代に希望舞台のような劇団を続けていくことが、どれだけ困難か。この生き方を貫いている由井さんと玉井さん、ゆかりちゃんはじめ劇団員の人たち。

昔と変わらず夢を語る由井さんと、「いい思いさせてもらってるから」と少女のように純粋でまっすぐに生きている玉井さんに再会し、胸が熱くなりました。その姿に励まされ、「私もがんばらなきゃ！」と思いを新たにしました。由井さん、玉井さん、希望舞台のみなさん！　また会いに行きますね。

日美ちゃんの娘・萌恵さんからの便り

一週間の留学

廣瀬萌恵〔二〇一七年〕

東北公演に一週間の留学をさせていただき、ありがとうございました。温かく迎え仲間に入れて下さり感謝の気持ちでいっぱいです。自分の知らない世界がたくさんあることを肌で感じる時間をいただいたことをとても幸せに感じています。短期間でも何故、私が同行を望んだのかその訳をお礼の気持ちに添えさせていただきたいと思います。

私は大学３年生。私の通う大学は、安定志向、資格志向が強く、公務員や教師、弁護士や金融業界に就職する人が大半を占めます。就活で最も重視するのは年収や福利厚生、終身雇用。大きな夢や憧れ、やりがいを重視する人は多くありません。そうゆう人たちが仕事をするなかで、やりがいや目標を見つけ幸せな生活を送ることももちろんあると思います。しかし、私もその価値観を共有すると同時に、あまりにもその

娘・萌恵さん

価値観に染まり過ぎているとも感じていました。そうしたなかで今自分の生活する周りにはない価値観の中で過ごしてみたいと思いました。そしてもうひとつどうして、母が数十年前、仕事を辞め故郷を出てまで希望舞台という劇団にに入りたいと思ったのか、希望舞台という劇団そのものを知りたいと思いました。山梨の地元で栄養士として安定した職に就ていた母がその職を捨て、その上母亡き後、男手一つで理髪店を営みながら大切に育ててくれた父親をおいて劇団に身を投じたのか解るかもしれないと。一週間という期間ではその母の気持ちや新しい価値観を知り切ることは出来ませんでしたし、簡単に解ったつもりになりたくないと感じました。でも強い衝撃を受け、とても深い経験をしたことは確かです。

旅公演という方法で公演をやり続ける劇団のあり方は、現代ではあり得ないというか、奇跡的なことなのではないかと感じます。演劇好きな人たちだけではなく、小学生からお年寄り、舞台を初めて観る人たちまでまきこみながら創り上げられるお芝居がそこにある。という事の価値は計り知れないものだろうと思います。

そうした公演を支える方達がたくさんの苦労を負いながら、どうしてあれ程楽しそうに、また切実な想いを持ってチケットを売るのか。多くの金銭的な利益を超えた想いで「街に舞台を！」と団結する様子、そこにまた普段の生活では考えられない人の心を見たように思います。

演劇のことも舞台のこともよくわからない私ですが、それでも人と人の繋がりでつくられていく舞台の重さやその想いに応える役者さん達の誠意をひしひしと感じられました。飲み過ぎたおじさん達が熱くぶつけあい語り合う……。時代錯誤のドラマに放り込まれたような不思議な体験をしながら、大人達が本気で向かい合い語る。とても新鮮で素敵な空間だと感じていました。

これから私は社会人になります。生活や環境が変わっても今回の旅で見たたくさんの人たちの笑顔のような「良い顔」との出会いを大切にできる人間でいつづけたいと感じています。本当に有難うございました。

浜通りのガリレオ（福島）

〔二〇二〇年（つうしんNo.62）〕

福島県の太平洋沿岸、通称「浜通り」ポツンと小さな小高の駅、映画「同胞」のシーンと同じ様に青年たちに見送られ小高の町を去った。お別れに可愛らしい運動靴をプレゼントされた。勿体なくて押入れにしまい殆ど履かないで終わった。あれから半世紀の歳月が過ぎた。三・一一で津波と放射能の被害を受けた小高町、お世話になった片岡忠雄さんに連絡を試みたが所在不明、胸のしこりを残して八年が過ぎた。今回ようやく福島県浜通りに行ける事になった。何と再会できた！　優しい笑顔の遺影との再会だったが、大和撫子だった奥さんは陽気で優しいおばあちゃんになっていた。

漁師の青年だった志賀勝明さんは避難を転々と強いられ相馬市に移住していた。頭は真っ白になっていたが不器用なまでに真っ直ぐなところは昔のまま。

「核と人間は共存出来ねえ！　海がダメになる」と言い続け、漁師仲間からも孤立し先輩

台風19号で公演は中止。志賀さん（中央）と相馬市の仲間たち

漁師から「お前殺されるぞ、海に出たら仲間がいねえと死んじまうぞ、考え改めろ」と諭されたという。彼はボソッと言った「俺おかげで人相まで変わっちまった」。

楢葉町の宝鏡寺のご住職、原発のお膝元で頑固に異議を唱え続けて来た方。「水上勉のこの素晴らしい作品の上演活動を続けるには様々な困難がある事でしょう。私にできる事はこれぐらいのことしか出来ません」と劇団の臨時事務所兼、住居を提供して下さった。庭に犬なのにクマという名の、殆ど声を出さないちょっと変わったワンちゃんがいた。「三・一一の全町民避難の時、お寺にひとり残されて以来性格が変わった、きっと恐ろしい目に逢ったのでしょう」と和尚さん。でも私たちの仲良し友達に

震災に耐えた宝鏡寺のクマと由井さん

なった。

「それでも地球は回っている」と言った浜通りのガリレオとの出会いだった。

そんな出会いの道を開いて下さった本田先生は「生命に国境はない」と保健医療NGOシエアの代表であり、あの「国境なき医師団」の中村哲先生とも志を共にする。現在は広野町の高野病院の医師である。

全町民避難命令のもと当時の高野院長は「今患者を移すと高齢で重篤な患者の生命が危ない、私は患者と残るから皆は逃げなさい」。けれど家族などの事情がある人以外は院長と共に残った。当時事務長、現理事長の高野己保さんはライフラインや食料の確保のため給水塔の上に登って携帯を握りしめ外部との連絡をし続けた。

高野病院は小高い山の上にある。火力発電所の白い煙突が三本見えてくると高野病院の

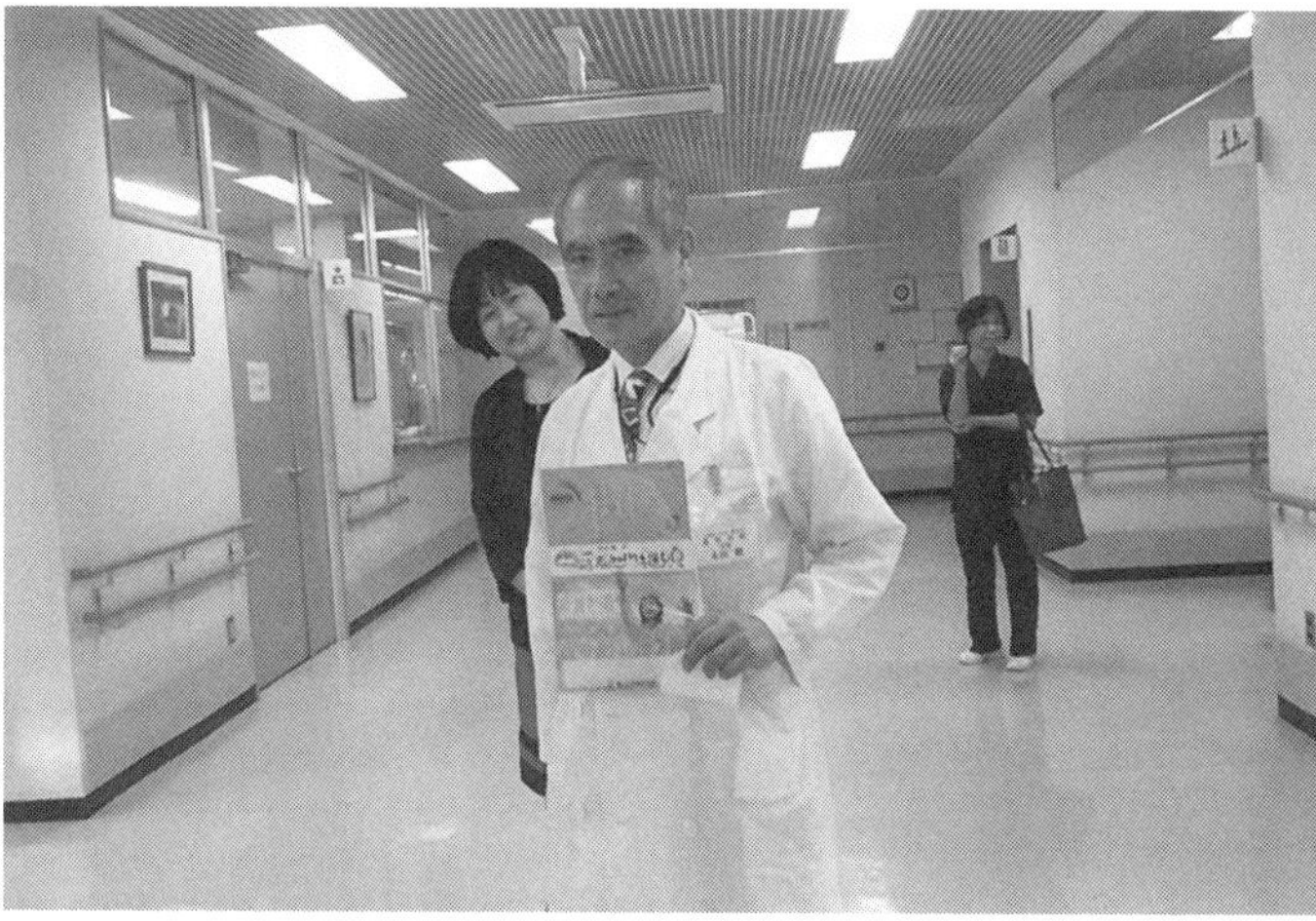

高野病院理事長の高野己保さんと本田先生

大きな文字と病院が見えてくる「ああ、高野病院だ！」見上げながら暖かなものがこみ上げていた。高野病院は希望の灯火。辛いことを楽しく乗り越えていってしまう。

珍友たち

〔二〇二〇年〕

かぐや姫は月に、マタさんは……。

マタさんは希望舞台の創世期を共にした俳優。北海道、室蘭の製鋼所で自衛隊の戦車を洗車する仕事をしていたが劇団の北海道公演がきっかけとなり入団、共に全国を廻った。アキラという名前があるのに何故か「マタロウ」「マタさん」と呼ばれていた。

人と争うことが出来ない優しさは天下一品で、要領の悪さも天下一品。彼がその場にいなくても彼の話となるとみんなを笑わせ愉快な気分にしてくれる、劇団のフーテンの寅さんだった。ある時「玉井さん、僕どうしたら玉井さんみたいに仕事できるのかなぁ」と相談され「私もノートだけじゃ忘れちゃうから、その日のタイムスケジュールのメモを車のダッシュボードに貼ってチェックしている」と言った。翌日彼の車である町に行くことになった。意気揚々とやる気満々の彼の車に乗り込んだ！　何と運転席のそこかしこ、さな

希望舞台の青春期？　久しぶり！

マタさん（手前右）

がら山田洋次さんの「幸せの黄色いハンカチ」のあのシーンのように黄色いメモ用紙が張り巡らされ、ヒラヒラしている！「これじゃマタさん風で飛んだって何が飛んだかわからないじゃない、順番もわからないし！」と思わず言ってしまった。冷たい私である。

綺麗な女性に会う時は顔も手も汗びっしょりで声も上ずってしまう。本音まるだしのマタさん。世俗の価値観には当てはまらない。「この人は立派な人だ、遣り手だ」とは思われないかもしれないが「この人は人をだませない、私を騙すことはしない」という安心感は誰もが持つ。そんな彼が公演準備で鶴岡に行ったとき素敵な女性に恋をした。一人娘だったけれど劇団に入団するものと思っていた。本人も劇団員みんなで彼女の入団を心待ちにしていた。

ヘビースモーカーのマタさんがピタッと禁煙した。彼女の結婚の条件だった。私は愛の強さに感動していた。でも稀代の名優、田中晃ことマタさんは天才的役者の原石のままお月さんではなく、鶴岡にお婿さんになって行ってしまった。

能ッ登ブラザーズと木村社長

お母さんのお腹の中で歌いながら、漫談をやりながら産道を出てきたのではないか？

能登さんご夫妻

と思ってしまう、福井県の丸岡町（現、坂井市）の能登豊さん、普通の人の三倍速で頭が回転している人。二〇歳の頃、彼は山田洋次監督作品の「同胞」を上映している映画館に入った。ところが観客は五～六人。こんなに素晴らしい映画なのに勿体ないと映画館主に申し出てチケットを預かり、毎日チラシを撒きチケットを売った。そんな変わった青年がいるという噂を聞きつけて、当時福井県にいた劇団員が彼を訪ねた。以来四五年にわたるお付合い。弟のマー坊とコンビをくんで「能っ登ブラザーズ」という漫才コンビは吉本興業からの引き抜きがなかったのが不思議なくらい、いつもみんなを笑わせていた。

木村雅仁・潤子ご夫妻

兄弟二人で始めた印刷屋さんは時代の流れか、不向きだったのか数年で倒産。二人の青年はどうなることかと遠くで心配していたが、ナント、保母さんで歌声合唱団のピアニストで静かな美人の奥さんをゲットした！　そして今、三人のお孫さんのいる幸せいっぱいのおじいちゃんになっている。頭は白く薄くなっているけれど三倍速の頭の回転と漫談のようなお喋りと歌好きは少しも変わらない。

「ノットブラザーズ」に金津町（現、あわら市）の木村雅仁さんがカンカン帽にギターを抱え登場したら万座の客は笑い転げお腹が痛くなるほど楽しい時間になる。

彼は青年団で活躍していた。その時劇団の若くて可愛い新人だった長谷川潤子が公演地を求めて青年団を訪ねた。

アレヨアレヨという間に二人は仲良くなり結婚した。木村さんはアルミサッシの会社を立ち上げた。この厳しい時代に倒産させることなく従業員をしっかり守り立派な社長になっていた。今息子への代替わりを考えている頃かもしれない。社長夫人となってしまった潤子ちゃんが孫を抱く日も近いのではないかと思っている。

希望舞台には代々魅力的な女の子が入ってくるが全国を歩く中で次々と寿退団となってゆく。そして私だけが枯れ木になって残っている。ああ〜あ！

わがみよにふるながめせしまに

三浦利博さん

き——希望舞台の同胞が
ぼ——僕らの街で芝居した
う——嬉しいことや悲しみも
ぶ——ぶつかり合って本音だし
た——互いに育てた心の宝
い——今ま集わんかな北の大地で
これは劇団が北海道の稚内公演と合わせて全国の親しい人たちを優待ツアーを企画した

三浦さん

時彼が寄せてくれたもの。今はもう七〇歳？　彼が愛知県の旧、額田町の青年団長だった時、劇団の公演を受け入れるかどうかで役員会が大もめにもめた。公演決定はしたものの、零時を過ぎてしまって私は名古屋事務所まで帰れなくなった。当時は車がなかったので交通手段はバスと電車だった。仕方なく彼の家に泊めてもらうことになったが家の人はとっくに休んでしまっていた。彼の部屋は母屋と離れた別棟にあった。一部屋しかなかった。彼の布団を私が、そして彼は寝袋で玄間で休んだ。翌朝彼のお母さんは玄関で寝袋で転がっている息子と、奥の部屋の布団で爆睡している正体不明の私を発見し大変驚かれた。あの時何事もなかったのは惜しかったなあ！　と笑いながら今でも言う。

見かけと違って繊細な神経と優しさ故にこの社会で苦労してきた昔の青年たちの穏やかな幸せをみるとホッとする。

キャサリンさん

岡田絹子という女優さんのような名前があるのにみんなキャサリンと呼ぶ。その由来は知らない。コテコテの河内弁！　大阪岸和田の出身。金髪の頭とノッシノッシと歩く姿は女子プロレスラーの人かと間違えてしまう。

私たちは三重県菰野町で知り合った。出演者の俳優の子供のベビーシッターとしてお世話になった。地震だ、台風だ、コロナだ、と何かあると電話がかってくる。その大きな声に負けない程の熱い情を劇団に注いでくれている。もうとっくに大人になっているのにベビーシッターとして世話をした子供の事まで気にかけてくれている。彼女が静かに黙っている姿を見た事がない。私のことは「枯葉」とヘンな河内弁のイントネーションで呼ぶ。私が皆より年をとっているからなのだが、自分のことは棚にあげている。成人式を迎えた孫

キャサリン

とのツーショットは照れた幸せいっぱいの写真だった。

中野直美さん

若い頃はホントに美人だった。顔、スタイル、気立、すべて良しの彼女だがなかなか結婚しない、一人暮らしの家は床が隠れるほどのビールの空き缶がズラリ、人生の伴侶はビールのようだった。美的センスもなかなかのもので本人がその気になればアパレル企業でヒールを鳴らして颯爽と働く姿も似合う。

「釈迦内柩唄」の初演の津市公演のときに知り合った。県立の教護院で子供達から慕われ働いていた。国の法律が変わり彼女は継続して働けなくなった。心配していたら何と三重県松阪市の山奥の限界集落に居を求め炭焼き小屋で働くようになった。楽しそうに働いていた。それだけでも驚いていたら、今度はその限界集落の郵便局員になった。郵政民営化でその集落唯一の公共施設が無くなる。ことは集落全員の死活問題だ。自治会運営の郵便局を作ることになったが、おじいさんおばあさんしかいない集落ではなり手がいない。そこで若い彼女に白羽の矢が当たったのだ。引き受けたものの現金書留さえ送ったことのない彼女は窓口に来るおばあちゃん達に教えてもらいながらの局員だった。それも又、楽

中野直美ご夫妻

しそうに話すので聞く度にお腹を抱えて笑ってしまう。

郵便局のとなりの部屋は農協が撤退した後を利用した小さな店になっていて、自治会運営の集落唯一のスーパー（？）、「みんなの店」がある。郵便局と店との愉快な話をよく聞かされた。朝な夕な年寄りが集まりよもやま話にくれ、困りごとも皆で考えるサロンになった。彼女は集落では欠かせない存在になっていった。年寄り達が作った畑を鹿があらしてこまっていた。彼女は狩猟免許を取った。撃った鹿をさばけるようにもなっていた！　先日久しぶりに電話があった。ビールは止めたという、体のどこかが悪くなったのかとギョッとしたら、集落のあるおじいちゃんがスパッとやめたというので自分もやってみたら出来たという。その代わりノンアルコールの缶が並んでいるようだ。

そしてやっとと言うか共に生きるパートナーも横にいた。

集落の人口はまた一段と減少したが「みんなの家」は変わらず賑やかだという。ストーブの周りに亡くなった人たちがいつものように笑って集まっている気がするんだそうだ。

現在人口五四人、世帯数三七世帯。私たちが訪ねて行った時より四割強の人口減である。

でもやっぱり彼女の話は可笑しくて楽しくて考えさせられる事に満ちている。

私は彼女のことを作品にしたいと願っているが書き手が見つからないでいる……。

第二部

演劇とは希望を語ること

聖なる空間

高木　正一
（歎異抄研究家・富山県上市町の元校長）

自分が信じていればこそ、人が信じてくれるのだ。平成一一年二月二七日、希望舞台の玉井さんが、「釈迦内柩唄」をひっさげて、わが家を訪ねられたことが、まさにそのことだった。私は即座に「これはいける」と直感した。だが、決断はあっても、具体的実行は難しい。実行委員会は当然であるが、それだけではだめなのではないか。そこで考えて考えぬいた結果が、上市町仏教会への後援依頼だった。「宗派を超えて……」、それが大きな力になったことは間違いない。

六月一一日、午後七時、わが上市町北アルプス文化センターは、田舎の町には珍しく異様な期待と熱気に包まれて開幕した。

ロマン・ローランの「大臣や宰相よりもフランスの片田舎で文学に親しんでいる少女のほうが……」の雰囲気が似合う、この劇の心が素直にわかる集団のように私には思えた。また、そういう観衆を集めることが、私自身の努力の中心でもあったのだ。それがぴりっと伝わってか、だんだんお客さんの空気にとけ込んで、その雰囲気にマッチしたすばらしい演技を展開した。その熱演には、鬼気迫るものさえあり、観衆の圧倒的感動を呼んだ。

このテーマは、表面的には暗くて深刻であるが、最後の「お父はついでねえな」のセリフに代表されるように、随所に笑いやユーモアが織り込まれている。それらすべてに観客が反応してくれたので、観る者と演ずる者が一体化する気分が醸成されたのだ。

主役はもちろんであるが、脇役のハイレベルは希望舞台ならではである。ふじ子の父・弥太郎は、原作水上勉の実父のイメージでもあり、この劇のリアリティを実感させるに十分だった。また、母・タネは一種の風格さえもっていて、崔東伯を焼く場面の強烈な印象は、誰もが忘れることが出来ないであろう。当の崔東伯の軟らかい質感は異色であったし、対照的な憲兵の演技は、この劇のドラマ生を最高に高めてくれた。姉の梅子やさくらはただおかしくておかしくて。

ところで、オンボと言われ、さげすまされている人間の真のやさしさが、真実と平等の厳粛な人間の尊厳性に気付かせる一大契機になるなんて、それは現代における、新たな人間の発見ではなかろうか。だが、そういう聖なる空間が確かにあったのだ。それが六月十一日の北アルプス文化センターの夜であった。「釈迦内柩唄」は、二十年前の前進座の歴史もあるが、今回、これを選んだ希望舞台の勇気と決断に敬意を表したい。これこそやり甲斐、見甲斐のある芝居だからだ。

ラストシーンのコスモス畑が、この世のものでなかったように、そこにはすべての人間に与えられた浄土の世界がある。釈迦内柩唄はそんな心のありかを語りかけている。

〔一九九九年〕

心のやさしい人々の輪づくり

篠原　英一
（千葉・長寿院住職）

三歳のとき亡くなった父の葬儀は全く記憶がない。けれど一三歳の時の母の葬儀、とりわけ火葬場での体験は、四七年の月日が過ぎても今も鮮明に覚えている。

山陽地方の小さな町。火葬場は町はずれの田んぼの中にひっそりとあった。レンガ造りの煙突が目印。火葬窯は一つだけあり、それを取りかこむように、右手には火葬係りの男性が生活している六畳間、左手には拾骨を待つ人々のための八畳間があるだけの木造小屋。そのころは薪を使っての火葬だったから、軒下には荒縄で束ねた薪が、うず高く積みあげられていた。

拾骨が終わり、縁者が帰り支度をしている間のことで

ある。火葬場の男性が近寄ってきて私の手を取り、告げた。

「これ覚えておりんさるか？　あんたのお母さんの差し歯だで。金のが一つ、銀のが一つあったわ……。お母さんだと思って持っとんせえ。お守りだなああ（語尾の〝ああ〟はこの地方独特の言い回しです）。あんたを守っておくれさるから……。元気しんせえよ……」

「元気出しんせえよ……。お父さんも死にんさっただってなああ。わしはようけ（たくさん）人の死を見てきたんですがなあ、みんな佛さんのような顔になって往かれます……。どんな苦労があっても最後は佛さんですわなあ。お母さんも佛さんになりなさった。佛さんが守っておられますで、どんだけ苦しいこと、つらいことがあっても頑張るんだで……。負けたらあきませんよ……。私もなあ、他人から〝あいつ隠亡だあで〟といって冷とうされとる。嫁さんにきてくれる人もおれへん。だけどなああ、どんな人も、佛さんになってもらうための大切な仕事やっておるんだと胸はって生きとるでなあ……。ほんなら、さいなら、元気だしんせーよ！」

　男性の優しいひとことひとことに、病院で遺体に会った時から、こらえにこらえていた悲しみが胸いっぱいにふくらみ、大声で泣き出した私を、男性はかけよってきて、大きな体で強く抱きしめてくれたのである。

人生の途上いくつもの〝人間の暖かさ〟を頂いてきた私であるが、あの男性のぬくもりは、いつまでも消えることはない。

初めて「釈迦内柩唄」の舞台を観た時、若き日の体験と、ふじ子一家の暖かさがオーバーラップして、涙がとまらなかった。

この演劇では、いくつもの人権（人間の幸福）問題が問いかけられている。

先ずは日本人の死に対する根強い穢れ感から来る「職業差別」を、母の存在は「障害者差別」を、そして崔青年の登場は「民族差別」を……。これら人間の幸福をうばいとる「差別」について問いかけている。

たったひとつの命。二度とない人生。誰れ一人として不幸な人生を歩みたいと思う人はいない。人間とは人と人との間と書くが、その間をどんな条件でうめ合うかによって、幸・不幸が決まるともいえよう。差別は不幸を生む条件である。この条件を取り除く活動が人権擁護活動であり、劇団「希望舞台」は、演劇活動を手段として、〝人間の幸せづくり〟への共感と希望を訴え続けているのである。

千葉県での公演が終わり、静かになったホールの舞台上で、劇団、主催関係者全員で円陣を組んだ。

「今日、ちょうど二五〇回目の公演を終えました。私たちは千回の公演をめざしています！」とふじ子役の小泉真穂さんが告げたとき、大きな拍手が湧きおこった。すべては出遭いから始まる。その出遭いは次々と新しい出遭いを生み、大きな人間の輪をつくりあげていく。とりわけ劇団「希望舞台」は「心優しい人々の輪づくり」のために、かけがえのない存在である。千回目の公演が待ちどおしい！

（二〇〇四年）

「釈迦内柩唄」初日の舞台より

田川　敏夫
（元三重県教育長）

九七年一二月六日、三重県津市での初公演を鑑賞する機会を得た。幕が下りてからずっと舞台の余韻から覚めきれない興奮に心地よくつつまれながら、久しぶりに心の波立つのを感じ続けた。

ルネ・クレマンの名作「禁じられた遊び」は、あのギターのメロディーと共に、今では誰もが知っている。戦争の悲惨さを描いた映画は数知れない。

しかし、全く叫ぶでもなく、泣くのでもなく、静かに孤児となった子供の遊ぶ姿を描きながら、戦争の悲惨さをあれほど強く訴えきった映画はない。「釈迦内柩唄」の舞台にも同じことが言える。

親代々の職業ゆえに差別され、恋人にも捨てられた過去をもつ「ふじ子」、その主人公がなぜ焼き場の仕事を引き継ぎ、むしろ誇りを持って精を出す今日に至ったのか。

差別の現実の厳しさ、それ故にこそ肩を寄せ合うように暖かかった小学校時代の家族の姿。その回想場面を挟みながら、花岡鉱山を脱出した「崔東伯」が憲兵に虐殺され、その死体を強制的に焼かれる時の、母親の悲しみを押さえきった差別に対する怒りと、人間へのやさしさが、ふじ子の今の姿に重なっていることを切々と理解できるのである。

人間は皆平等。死ねば同じ灰になる。その灰がコスモス畑にまかれ、一人ひとりの魂となって美しい花を咲かせる。

私は希望舞台がこの「釈迦内柩唄」の初演の地に、三重を選んで下さったことを心から感謝している。そして、全国の一人でも多くの方々が、この舞台を観て下さることを期待する。何故なら、恐らくこの芝居は、劇団「希望舞台」の代表作の一つとなるであろうから。

（一九九八年）

分け合うところに映るもの

古巣　馨
（長崎純心大学教授・カトリック神父）

母の一番上の姉は孤児院から来た人でした。母はその姉をだれよりも慕っていました。兄弟がいなかったわけではありません。血を分けた七人の兄弟の中に、わけあって途中ひとり増えても、家族に波風はたちませんでした。特別なことではありません、親戚の子沢山の叔父さんや叔母さんの家も、いつの間にかひとりふたりと見知らぬ子どもがちゃぶ台を囲んでいました。敷居が低く、あであけっぴろげで間仕切りのない人たち。慎ましい貧しさが、素朴で気前のいい人たちを育てた時代の話です。

人には想い起こせば力が湧いてくる話があります。そこから出立して、疲れたらまたそこから出直す原風景を宿した話です。

子どもの頃、五島列島にもよくお遍路さんがやってきていました。宗教を問わず、家ごと戸口に立ち、家族の安穏を願いお経を唱えていたのでしょう。お経がすむと、お遍路さんは合図に鈴を鳴らします。すると、母はきまってわたしに「ほら、持って行ってあの袋の中に入れてきなさい」と、湯のみ茶碗すりきり一杯の米をお遍路さんの頭陀袋に入れさせていました。お遍路さんは小さい私に向かって合掌し、頭をなでるのです。それは荘厳な儀式のようでした。

夕方になると、お遍路さんたちは島の大きな家や、納屋を借りて一夜の宿をとっていました。わたしの家もときどきはお遍路さんたちのねぐらいになりました。かれらは、頂いたお米をおかゆにします。しかし、途中で宿の見つからない別の仲間が加わることもありました。そうすると炊いていたおかゆに水をつぎ足し、つぎ足しして、やがて、おかゆが重湯になってしまうのです。そんな透き通った重湯をお椀に装ったとき、お遍路さんたちは言いました。「ああ、今夜は天井粥だな」分けて、分けて徹底的に分けたら、そこに天が映ったのです。

あの時代、分けあって生きた西村滋さんから生まれた『それぞれの富士』を、今また分けて生きようと希望舞台の『焼け跡から』が生まれました。この話とこの舞台は、分けても、分けても尽きることがありません。そこには天が映っているからです。　〔二〇一四年〕

若い人々に観て、感じてほしい。いま、何が大事なのか？

斎藤　高市
（元立正佼成会墨田教会長、前国際伝道部長）

今年は、戦後七〇年の年である。第二次世界大戦が終わって七〇年もの年月が過ぎ去った。その間、日本は戦争をしていない。何故か？　それは、戦争を放棄した日本国憲法があったからである。そのお陰さまを忘れてしまっていないだろうか？　戦争や紛争、テロに巻き込まれることなく七〇年もの長い時間を過ごすことができたということを……？

一〇年ほど前から職場が移動し、ここ墨田で過ごしている。東京生まれの東京育ちでありながら、墨田に来るまで、この地に「東京都慰霊堂」がある事を知らなかった。

戦争とか終戦と聞くと、当たり前のようにヒロシマ・ナガサキ、オキナワという言葉を思い起していたが、東京大空襲では、一〇万人以上の尊いいのちが失われている。関東大震災での七万人近い犠牲者と共に、一七万人もの人々の遺骨が今も祀られている。

その時から「慰霊と平和」という言葉が、私の人生にとっての一つの大事なキーワードとなった。春と秋の慰霊大法要には、欠かさず参列させて頂いている。そして、いのちの尊さ・ありがたさという事を日常的に考える様にもなった。

そんな折、フッとしたご縁を頂き、昨年中野で上演された「焼け跡から」を観る機会に恵まれた。東京大空襲で家族を失った子供たちと復員して荒寺を復興することを決意した新米住職との物語である。残飯を拾い集めながら生活している孤児たち。

大変なこと、悲しいことも沢山あるが、行方不明の両親の生存を信じて、いつの日か親子三人で富士山に登る約束を楽しみにしている少年。その日暮らしの不安な中にも、家族の愛を信じている少年の瞳は不思議とかがやいている。

かつて一九八〇年代初頭の四年間、インドシナ難民支援活動に携わらせて頂いた時の記憶が蘇る。救援物資やクメール語に翻訳された絵本や書籍を持って、何度となくタイ・カンボジア難民キャンプを訪れた。故郷を追われ、中にはキャンプで生まれ育った子供も沢山いた。何年もの間、粗末なバラックの家で生活している子供たち。裸足で、着るものもボロボロで、おもちゃもなく自転車のタイヤの枠を転がして遊ぶ子供たち。しかし、その子供たちの目は、キラキラと輝いていた。救援物資を持って行った私の心がドキッとした瞬間であった。平和とは、幸せとは、豊かさとは何か!?　としみじみと考えさせられたことを思い出す。

いかなる環境・条件のもとにあっても、家族の愛や思いやる心が大切であると学んだ瞬間でもあった。しかし、やはりその前提に、犠牲になる誰かの尊いいのちがあってはならない。平和を得るために、武力を行使するという行為があっては絶対ならない。武力行使による戦争や紛争では、かけがえのない尊いいのちが必ず犠牲となる。尊いいのちを犠牲にする上に成り立つ平和などあり得ないのだ。

そのことを、いま真剣に考える時を迎えている。私も戦争を知らない世代であるが、戦争体験をしてきた祖父母や両親の姿を見て育った。戦争を知らない世代である私自身が親になっている。だからこそ、未来を担う若い世代に是非ともこの「焼け跡から」を観て頂きたい。そして、感じてもらいたい。いま、何が一番大切なのかを。

戦後七〇年の今年だからこそ、大和《だいわ》の国、日本に生まれた一人として、「真の平和とはどういう事か」を真剣に考え、次世代のみならず、世界に向けて過去七〇年間の意味を、しっかりと伝え続けていきたい。こころ新たに。

合掌

〔二〇一五年〕

私の原点……

遠藤　征広
（公益財団法人弦地域文化支援財団　事務局長）

ついに「希望舞台」が「シベールアリーナ」に来てくれました。シベールアリーナというのは、山形市の九年前にできた五〇〇席の演劇専門ホールです。「アリーナ」という名前に騙されないでください。決して体育館ではなく、田舎町には驚くような演劇専門ホールです。貸館を基本的にはやらず、自主事業オンリーの劇場です。

八年前にラスクを作っているお菓子会社の熊谷眞一さんと作家で劇作家の井上ひさしが、二人三脚で作った劇場です。

撮影／Kohei Shikama

シベールの「ラスク」ってご存じですか？　このラスクがヒットして、シベールが儲かるわけですが、その儲けたお金を地域に還元しようと熊谷社長の企業理念から井上さんの力を借りて劇場を作ってしまいました。

希望舞台といえば、私の原点のような劇団です。というのは、一九七五年、いまから四二年前、私は二〇歳でしたが、山田洋次監督の「同胞」を見た年でした。岩手県の松尾村でミュージカルを上演するまで汗を流す制作の若い女性が倍賞千恵子、村の青年が寺尾聰、というキャスティングでした。いわゆる「男はつらいよ」の山田組が作ったような作品です。

私は二〇歳の時、この「同胞」を見たのです。「赤字になったらどうする」が議論の中心でした。が、寺尾が「赤字になったら、牛を売る。それでいいべ」と、苦渋の決断で公演が決まります。青年たちは、必死に切符を売ります。倍賞が足繁く村へ通い、青年たちが寝る間を惜しんでチケットを売って、ついに公演の日を迎えますが、当日の大問題が勃発。有料の催し物には、学校の体育館は貸せない、という大問題です。チケットは売れているのに、どうなるんだ、と切羽詰まった話になるのです。倍賞が「だったらただでやります」と啖呵を切ります。タダにしたら、劇団が立ちゆかなくなる、と思いながらも、話はうまく展開し、有料でも公演が出来るようになります。心憎い演出です。ミュージカルが体育館の舞台で演じられると、お客様の笑いや涙が映されて、私の目からは涙がボロボロと流れ落ちました。この映画の感動に、一〇回連続で見てしまいました。

その一〇年後に、縁があってある劇団で働くことになったのですが、倍賞演じる芝居を村々に売って歩く同じ制作になっていました。いつもこのときのことを思い浮かべながら仕事をしました。

私は二〇年でボロボロになりました。五〇数年活動を続ける希望舞台の玉井さんに頭が下がります。ようやく「焼け跡から」の話になります。山形公演の代表の本間ひさ代さんは、私もよく知っている方で、本間さんの情熱で会は引っ張られ、当日の会場が熱気でいっぱいでした。私は、わけあって、一〇年前に劇団から離れ、劇場運営の立場になりました。劇場運営は、劇団側に立ってやっています。それは、日本全国津々浦々を額に汗して歩き回っているご苦労が分かるからです。

劇場運営も苦労は絶えませんが、芝居を作るのは本当に大変です。最前線でがんばっている劇団の皆さんを応援したいと思っています。

〔二〇一七年〕

「福島の今」を生きる

本田　徹
（国際保健協力市民の会「シェア」代表理事・高野病院医師）

山田洋次さんが四〇年以上前に監督した映画に「同胞」という、倍賞千恵子主演の作品があります。

今でもアマゾンで中古のＤＶＤを購入したり、ＴＵＴＡＹＡで借りることはできると思います。粗筋は、地方巡業を専門にやっている地味な劇団の、一人の若い女性プロモーターと公演先に選ばれた八幡平の村の若者たちとの心の交流を描いた作品で、高度成長期の日本で、東北の農村が出稼ぎや現金経済の大波の中で、地域の結束と人と人の信頼を取り戻していく物語です。このヒロインのモデルとなり、映画を地で行っていたのが玉井徳子さんという女性で、驚嘆すべきは、彼女が同じ生き方、つまりすぐれた芝居をもって、日本全国津々浦々を訪ね歩くというライフスタイルを映画が撮られた時代からその後四〇年間にわたり、ご本人曰く「馬鹿の一本道」で貫いてきたということです。

生前の水上勉さんから一〇〇〇回公演を目指してがんばってほしいと託された「釈迦内柩唄」はオンボと言われ蔑まれてきた、戦前戦後の焼き場を家業とする家族の汗と涙と愛の物語です。

声高にではなく、しかし歴史の真実から眼をそらさず、人と人の信頼や愛を取り戻していこうという、自身福井の若狭で墓掘り人もやる貧しい大工の子として生まれ、辛酸をなめた水上さん独自の人生哲学が「釈迦内柩唄」を、説教臭さをみじんも感じさせず輝かせています。

私も東京でこの芝居を二回観て涕泗《ていし》滂沱《ぼうだ》とどめがたく、劇団のお手伝いを少しするようになり、福島の高野病院で二月から働かせていただくようになったことも機縁となり、玉井さんの「一本道」にしばしば同行することとなりました

〔二〇一九年〕

希望舞台「焼け跡から」に思うこと

續　道雄
（玉宗寺住職）

私は二〇一四年六月台東区での公演をサポートしました。

モデルになった藤本幸邦老師が駒澤大学に在学中所属していた駒澤大学児童教育部の後輩としてサポート、以来全国同窓生に紹介してまいりました。今は、二〇一六年に向けて関東地区をターゲット紹介中です。

おっしゃん、幸邦老師はお説教で上野駅での出来事をよくお話になられました。何度かお説教をうかがうチャンスがあり二〇一三年に玉井さんからお話をいただいた時にこれは全面的に協力をしないといけないと思いました。

さらに主人公のフーちゃんの生まれた町を隣町三筋町だと伺い、浅草で公演しない訳にはいきません。アッという間に玉井さん、舞台をおさえて来ました。

三月小金井の現代座会館での通し稽古を観に行く機会を得ました。大善和尚からリンゴを分け合う子供達、家族で富士山に登る約束をしたお父さんが空襲で死ぬわけがないと強く信じている主人公のフーちゃん、口には出さないが自らの思いを胸に秘め生きていく達平君、等々戦後生まれの私ですが舞台に引き込まれました。ボロボロと涙がこぼれておりました。舞台が終わって感想を聞かれましたが、身体から絞り出して「良かったです」とだけ言えたように記憶しております。

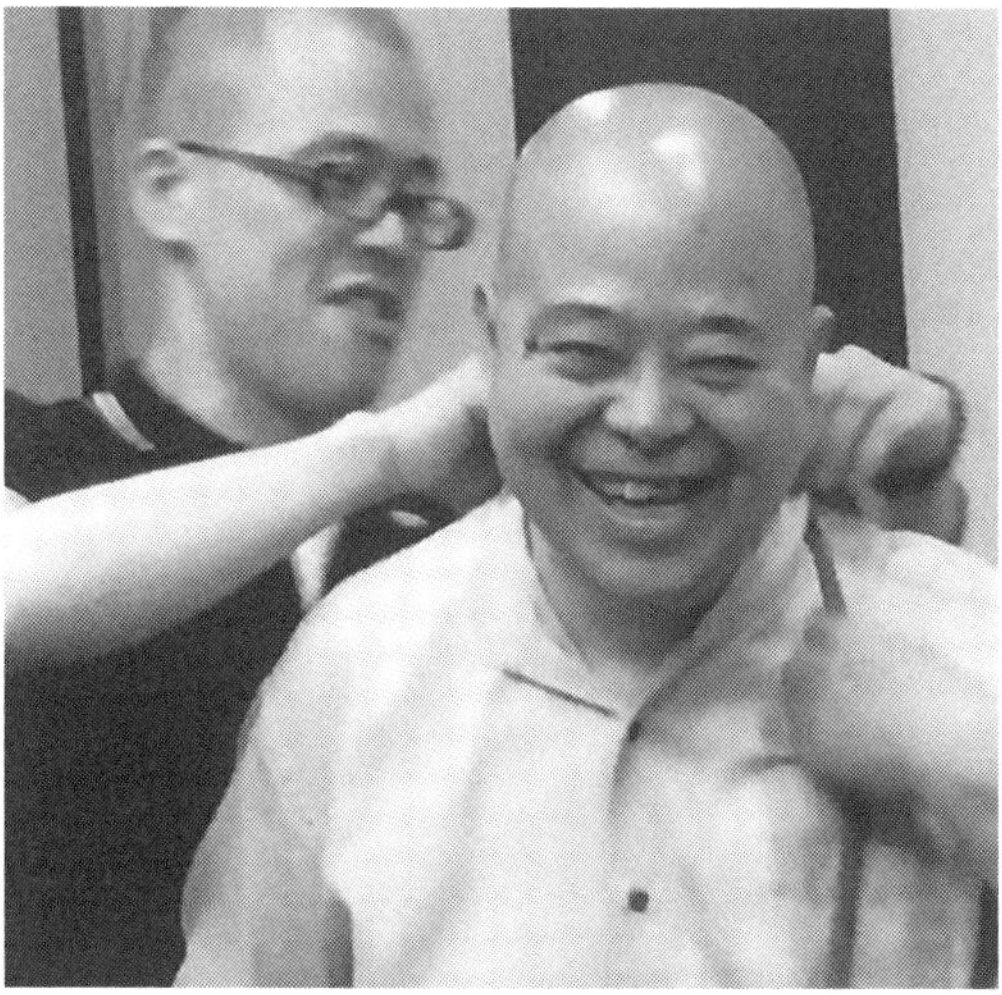
親子で……

その後六月に浅草で、一一月に中野で二〇一五年に入って六月に八戸、墨田区と舞台を観てきました。観るたびに成長していました。スタッフも含め役者の真摯な舞台に対する思いの強さ、もちろん監督との葛藤もあるのでしょう、二〇名で作り上げてくる舞台にいつも素直に感動です。

二〇一四年、「つうしん№54」で私は金龍となって全国を駆け巡ってくれることを願うものですと締めくくりました。龍は一滴の水を得て雲を起こし、縦横無尽の活躍をするといわれております。一人ひとりが自分の分をわきまえ他をも尊重し合い、認め合いさらに大金龍となって感動を届けていただくことを願ってやみません。

合掌

〔二〇一五年〕

合掌　玉宗寺前住職續さんのこと

玉井　徳子

「焼け跡から」の上演を全国各地につないで下さった續さん。
つないで下さった公演地へ、青森まででも来て下さった。
初日前の通し稽古で涙をこらえておられた續さん。
チケットを広げる為に知合いのお寺を一緒に歩いて下さった。
巨体なのに歩くのが早く、私はついて行くのに息を切らしていた。
「釈迦内柩唄」の屏風絵を四つに組んで描いて下さった續さん。
二〇二〇年四月九日、コロナによる突然のご逝去を知らされました。
私は火傷による植皮手術の前夜でした。
翌朝ストレッチャーで手術室に運ばれながら涙が止まらず困りました。
全身麻酔で意識が薄れていく中、私の止まらない涙を医師のどなたかが拭ってくれてい

纜さん画の屏風

ました。

コロナが憎いとはじめて実感しました。

ご恩も何もお返しできないままのお別れになってしまいました。

公演地確保にいつも困っている私は帰京すると相談に行きました。

言葉以上の行動で私の知らないところでカバーして下さっていました。

浅草公演でご子息の若住職さんと楽しそうに笑っておられた笑顔を忘れません。

合掌

〔二〇二〇年一〇月〕

編集後記にかえて——劇場へのメモリアル

由井 数
希望舞台代表

国を分けるような「六〇年安保闘争」が沈静化された頃である。

私は学生寮を出て上京し、わずかな縁を頼りに劇団の門をたたいた。突然にもかかわらず稽古場の和室で「面接」、座布団二枚に対座で雑談みたいであった。古新聞の社説を読まされたが読めない漢字を「バクチクトウ」と言ったら、くわえ煙草を飛ばして笑われた。「夾竹桃だろう！」「そんな花は信州にはない！」と強弁したら「お前、本当に大学卒業したのか？」「中退です」まだ笑っている。「自分で卒業してきたわけだ！」皮肉とも軽口とも言える物言いがおかしかった。後年知ることになるのだがこの長老俳優が広島公演中に原爆で全員亡くなった「桜隊」のただひとり生き残った名優、槙村浩吉その人であった。

実習生として一年間試してみることになった。

食べるのと住居を得たのにはホッとした。その上、月七〇〇〇円の支給は予想外のことである。当時タバコ一箱四〇円だった。半年間吸えると喜んだのが一番印象的であった。すぐ地方の公演班に送られたのが演劇の世界への第一歩。仕事は想像をはるかに超えて厳しくきつかった。

当時、演劇を上演できるホールなど都市の一部にしかなかった。昼夜二回、学校の体育館や公民館が毎日連続する。夕張の炭鉱では一番方、二番方、三番方と地上に出てくる労働者に合わせて、一日三回の公演だった。早朝から舞台の設営、本番、終演後すかさず片付け、すべての荷物を一台のトラックに収めて、次の公演地に向かうのである。出演者も裏方（スタッフ）も全員で走り廻っている印象だった。

一年が過ぎて仕事も手馴れた頃、信州の田舎町の旅先に新人が配属されて来た。いかにも都会育ちで細くて小柄な少女に見えた。無理しているのかハイテンションで走り廻っている。重たいセットを肩がけに早足で運んでいると「手伝いまーす！」とその新人が手をかける。「邪魔だからどけ！」と怒鳴ると「エキスキュウズミー」。五八年前の玉井徳子さんとの出遭いである。

劇団であるから俳優を志望する者が当たり前だが、新制作座には何を目指してやって来たのか分からない変な若者が少なからずいた。私もその一人であったが。

新制作座はチェーホフなど翻訳物を東京を中心に上演していたが当時の新劇界と袂を分かち独自の道を地方に求めざるを得なかった。そして紡績女工と呼ばれていた少女たち、炭鉱労働者、真山美保がよく言っていた「偉大なる地方観客」と出合う。「民衆の中で民衆と共に民衆の演劇をつくる」は当時の劇団の旗印だった。真山美保の著書「日本中が私の劇場」は多くの若者の心を捉えた。その理念は統一劇場、希望舞台へと引き継がれていったと思う。

観客の獲得はマスメデアや大きなスポンサーに依拠せずには難しい。制作部員は知り合いなど誰もいない町に一人で出かけて行き、公演の主催を引き受けてくれる人を探すのである。お金にもならない赤字のリスクを負うかもしれないそんな仕事に手を貸す人などいないのが普通である。でもお金にならないからこそ、そこに共通の価値を見出してくれる人はどの町にも必ずいる、巡り合わないだけだ、と玉井さんは言う。その一人に出合う五五年の旅人生は出合った人たちから受け取った創造者の心の五五年だ。今、頭は白くなっているが「エクスキューズミー」の頃と心根は変わらない。

どんなに表現技術の優れた俳優でも、どんなに優れた脚本でも、演出家でも、毎日客席に座る何百人かの人生の嘆きを越えることは出来ない。その何百の心が開き舞台を受け入れてくれた時、初めて役者は輝き、劇場空間は大きなハーモニーとなる。生きた人間の心から心へ伝わり、影響し合う生きた劇場はそこに居合わせた人々の心を開き、哀しみを浄化してくれる。

手では触れられない、目には見えない、でも心には触れる確かな存在である。金儲けにはならないけれど人生をかけて悔いなき存在である。それはいつも一人から始まる。そしてその出会いは劇場の共鳴を創る土台となる。舞台に立つ生身の役者たちの計算を超えた魅力を引き出してくれる。私たちは「出合いは創造の始まり」と言ってきた。

コロナ禍は人間社会の不条理につけ込んで住処にしようとしている。このウイルスは自らの死を恐れない。残った者が何倍にも変種し再生、繁殖する能力をもっているのだ。人間は逆である。一人の生命といえども守り育てることを使命にしている。「一人は万民のために、万民は一人のために」はお題目ではない、どの時代にあっても貫かねばならない人類が築いた「人間の掟」だと思っている。

マスクや互いに距離を置き密を避けるのは当面の対処としてやむを得ないが、人間は太古の昔から共通の願いや思いを祈りやリズムなどで表現し繋がりあい社会生活を送ってきた。この何万年もかけて引き継がれてきた人間の営みをそう簡単に失くすことは出来ない。

コロナ禍のなか、自粛を自省と受け止め、自分の仕事の原点に立ち返り考えてみたいと思った。

出版を引き受けてくれた同時代社にあらためてお礼を申し上げます。

二〇二一年一月

希望舞台公演略歴　1985～2019

1985年11月　希望舞台創立。翌年より「ピアニストとカラス」（作　こうけつとしろう、演出　由井数、音楽　星ひさし、振付　石橋寿恵子）東京で旗揚げ公演後、全国六七市町村で公演。

1987年　ミュージカル「あした天気になれ」（作・演出　高田進、音楽　星ひさし、振付　石橋寿恵子）北海道で初演の幕を開け一三都道府県で184回上演。

1988年　「豆腐屋」（作・演出　こうけつとしろう、音楽　神代充史、振付　石橋寿恵子）喜劇を意欲的に追求した。

1990年　「天までとどけ」（作　川上勘太、演出　高田進、音楽　星ひさし）初めて九州、沖縄まで公演活動を広げて170回の上演。新宿の古いアパートを舞台に、夢を追いかける青年達と老人の心のふれあいを描く。

1993年12月　「青い空が見えるまで」（作・演出　川上勘太、音楽　星ひさし）の試演公演を甲府市で行う。1994年より全国公演。

1995年1月　「雪やこんこん」（作　井上ひさし、演出　ふじたあさや、音

「ピアニストとカラス」
1985年

「あした天気になれ」
1987年

「天までとどけ」
1990年

楽 星ひさし）前進座劇場で初演。北海道、北陸。全国60回上演。中村梅子座長ひきいる旅役者の生きるさまに時代をこえた芸人の魂がよみがえる。劇団の新しい分野を模索。

1996年9月　「青い空が見えるまで」（作 川上勘太、演出 高田進、音楽 星ひさし）改作し、長野県より再演。

1997年12月　「釈迦内柩唄」（作 水上勉、演出 川上勘太、音楽 星ひさし）三重県津市で初演。1998年より全国公演中。

1999年3月　「おばあちゃん」（作・演出 朝間義隆、音楽 岡田京子）山里にひとり残るおばあちゃんとその家族、現代のふるさとを描く。二五二回の上演

2010年　「焼け跡から」（原作 西村滋、台本・演出 由井数、音楽 余田崇徳）全国一〇〇回上演。

2018年　「釈迦内柩唄」再演開始。

2019年　「釈迦内柩唄」、屏風を背景にした「トランク劇場」を浅草、椢ホールにてスタート。福島県浜通りの被災地より全国公演を開始するが秋の19号台風、翌年からのコロナ禍により上演を中断。

再起に向けて準備中

「青い空が見えるまで」
1996年

「おばあちゃん」
1999年

「焼け跡から」
2010年

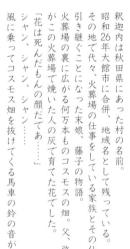

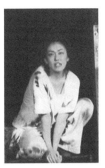

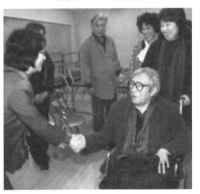

著者略歴

玉井徳子（たまい・のりこ）

1942年９月27日　中国上海にて生まれる。
1943年　戦況悪化により帰国。父方の祖父母家、神奈川県藤沢市鵠沼に居住。
1944年　父方の祖父母と共に本籍地、香川県高松市に疎開。
1945年　高松空襲により更に田舎へ疎開、畑田村にて終戦を迎える。
1961年　神奈川県立藤沢高校卒業。
　　　　パレスホテル入社。
1963年　劇団「新制作座」入団。
1965年　劇団「統一劇場」結成に参加。「劇場制作部」の仕事のはじまり。
1985年　劇団「希望舞台」結成に参加。「劇場制作部」現在に至る。

気がつけば光の中を
——旅回り劇団・希望舞台の「劇場人生」

2021年３月５日　初版第１刷発行

著　者　玉井徳子
発行者　川上　隆
発行所　株式会社同時代社
〒101-0065　東京都千代田区西神田2-7-6
電話　03(3261)3149　FAX　03(3261)3237
題字　河野太通
挿絵　細谷縫子
装丁　クリエイティブ・コンセプト
組版　い　り　す
印刷　中央精版印刷株式会社

ISBN978-4-88683-895-7